Maquiavel
o revolucionário

Fabio Frosini

Maquiavel
o revolucionário

DIREÇÃO EDITORIAL:
Marlos Aurélio

COPIDESQUE:
Ana Rosa Barbosa

CONSELHO EDITORIAL:
Avelino Grassi
Fábio E. R. Silva
Márcio Fabri dos Anjos
Mauro Vilela

REVISÃO:
Leo A. de Andrade

DIAGRAMAÇÃO:
Tatiana Alleoni Crivellari

TRADUÇÃO:
Ephraim Ferreira Alves

CAPA:
Tatiane Santos de Oliveira

Título original: *Machiavelli rivoluzionario*

Todos os direitos em língua portuguesa, para o Brasil, reservados à Editora Ideias & Letras, 2016.

1ª impressão

Rua Tanabi, 56 – Água Branca
Cep: 05002-010 – São Paulo/SP
(11) 3675-1319 (11) 3862-4831
Televendas: 0800 777 6004
vendas@ideiaseletras.com.br
www.ideiaseletras.com.br

Dados Internacionais de Catalogação na Publicação (CIP)
(Câmara Brasileira do Livro, SP, Brasil)

Maquiavel, o revolucionário/ Fabio Frosini
[tradução Ephraim Ferreira Alves]
São Paulo: Ideias & Letras, 2016
Série Pensamento Dinâmico

Título original: *Machiavelli rivoluzionario*

ISBN 978-85-5580-011-5

1. Filosofia 2. História 3. Machiavelli, Niccolò, 1469-1527
I. Título.

15-11303   CDD-320.01

Índice para catálogo sistemático:

1. Maquiavel: Filosofia política 320.01

Sumário

Abreviações |7

Introdução |9

I. Gramsci e Maquiavel: |23
O príncipe como "autorreflexão"
e o problema da vanguarda

1. O príncipe e o povo |25
2. Monarquia e república |27
3. Vanguarda e massa |30
4. "Chefe", "príncipe moderno" e "príncipe novo" |35
5. Maquiavel e Marx |43

II. A república imaginada |53
por Nicolau Maquiavel

1. A verdade de *O príncipe* |55
2. Repúblicas imaginárias e verdade factual das coisas |62
3. *O príncipe* e a história de Nicolau Maquiavel |69
4. *O príncipe* e a história de Florença |77
5. *O príncipe* e a história da Itália |91

III. Guerra e política entre |103
O príncipe e os *Discursos*

1. A política como guerra |109
2. A política como inovação |112
3. A margem violenta |116

4. Liberdade e violência — |120
5. Guerra, vida e poder — |123

IV. A perda da liberdade nos *Discursos sobre a primeira década de Tito Lívio* |129

1. História, religião e política — |133
2. Roma, "república cheia de tumultos e confusão" — |143
3. "Necessidade" e "eleição": a posição do povo — |150
4. Aprender a ser livre — |158
5. Igualdade e liberdade — |170

Abreviações

As obras de Maquiavel serão citadas de acordo com a edição de *Opere*[1] de 1997-2005. A remissão será feita com o título da obra, o número do volume e da página. No caso de *O príncipe* e dos *Discursos sobre a primeira década de Tito Lívio*, será também indicado o capítulo correspondente.

Na obra *Cadernos do cárcere*, de Antonio Gramsci, as referências serão citadas conforme a segunda edição de 1977.[2] A remissão será com a sigla QC, seguida do número da página e, entre parênteses, do número do caderno e do parágrafo.

---

1 MACHIAVELLI, Niccolò. *Opere*, Corrado Vivanti (Ed.), três volumes. Turim: Einaudi, 1997-2005.
2 GRAMSCI, Antonio. *Quaderni del carcere*, edição crítica do Instituto Gramsci, por Valentino Gerratana. Turim: Einaudi, 1977 (2. ed.).

Introdução

> *Quando ocorreu o centenário de Maquiavel, li todos os artigos publicados pelos cinco diários que lia então, recebi mais tarde o número único do* Marzocco, *sobre Maquiavel. Impressionou-me o fato de como nenhum dos escritores que abordaram o centenário tinha relacionado os livros de Maquiavel ao desenvolvimento dos Estados em toda a Europa no mesmo período histórico. Deixando de lado o problema puramente moralístico do assim chamado "maquiavelismo", não perceberam que Maquiavel foi o teórico dos Estados nacionais dirigidos por monarquias absolutas, ou seja, não viram que ele, na Itália, teorizava aquilo que na Inglaterra era energicamente levado a cabo por Elizabeth, na Espanha por Fernando V, o Católico, na França por Luís XI e na Rússia por Ivan IV, o Terrível, embora ele não conhecesse, e nem pudesse conhecer, algumas dessas experiências nacionais que, na realidade, representavam o problema histórico da época que Maquiavel teve a genialidade de intuir e expor sistematicamente.*[3]

Assim escreve Antonio Gramsci à cunhada Tatiana Schuchi em 14 de novembro de 1927, poucos meses após sua prisão, que ocorrera aos 8 de novembro de 1926. Nesse juízo, o chefe do Partido Comunista da Itália resume uma interpretação – que

---
3 GRAMSCI, A.; SCHUCHI, T. *Lettere 1926-1935*, Aldo Natoli e Chiara Daniele (Org.). Turim: Einaudi, 1997, p. 153-154.

desenvolve nos *Cadernos do cárcere* – de Maquiavel como homem "ligado a seu tempo" e "homem totalmente da sua época".[4] Isso não quer dizer, naturalmente, que o pensamento de Maquiavel não pudesse ter para Gramsci uma relevância atual. Pelo contrário, o "erro de política", que consiste em considerá-lo "bom para todas as épocas",[5] é uma traição da política, a qual sempre nasce como tentativa de dar respostas às perguntas que se levantam em tempo determinado, com todas as implicações sociais, éticas e passionais que contém. Se a política é subtraída, no entanto, ao vínculo com a época, fica reduzida a uma técnica vazia de poder, boa para qualquer objetivo.

Aquilo que Gramsci sugere que se faça é, em uma palavra, libertar Maquiavel da prisão do "maquiavelismo", a fama sinistra que tem acompanhado o Secretário ao longo dos séculos e que nasce precisamente do fato de separar os preceitos de *O príncipe* das exigências concretas do momento e da situação em que o livro foi pensado, escrito e enviado.[6] Gramsci sugere, ao contrário, que,

---
4 *QC*, p. 9 (caderno 1, parágrafo 10).
5 *QC*, p. 8-9.
6 *Cf.* a carta de Nicolau Maquiavel a Francesco Vettori, 10 de dezembro de 1513 (in: *Lettere*, v. 2, p. 294-297), em que o ex--Secretário relata ao amigo que havia "composto um opúsculo *De principatibus*" que pretendia dedicar e enviar a Juliano de Medici porque "deveria ser aceitável" a um príncipe "e, sobretudo, a um príncipe novo" (*ibid.*, p. 296). Como se sabe, *O príncipe* foi então dedicado, alguns anos mais tarde, a Lourenço de Medici, o Jovem. Quanto à imediata influência de *O príncipe* nos debates sobre o governo de Florença, *cf.* DIONISOTTI, C. *Dalla Repubblica al principato*, in: *Id.*, *Machiavellerie. Storia e fortuna di Machiavelli*. Turim: Einaudi, 1980, p. 101-53: 107ss.

para entender real e concretamente o pensamento de Maquiavel, é necessário imergi-lo de novo nas questões urgentes de que surge: as exigências da sua época. Esta é, para Gramsci, a única atualidade de que se pode falar na política, qual seja, a atualidade das questões práticas que o secretário florentino quis enfrentar, e que se acham ainda em aberto na Europa do século XX. Portanto, em primeiro lugar, todo o tormentoso processo que se liga ao nascimento do Estado moderno absoluto, que é um Estado nacional e que, como tal, liga-se ao outro grande fenômeno moderno: a nacionalização das massas populares.

Sobre esse pano de fundo — Estado absoluto e povo nacional — é que se articulam mais tarde, segundo Gramsci, outras questões não menos importantes, todas elencadas no parágrafo 10 do caderno 1:

> Em Maquiavel se acha, em forma seminal, a separação dos poderes e o parlamentarismo: sua "ferocidade" se volta contra os resíduos do feudalismo, não contra as classes progressistas. O príncipe deve pôr fim à anarquia feudal, e é isso que faz Valentino, na Romanha, com o apoio das classes produtoras, de camponeses e mercadores. Tendo em vista o caráter militar do chefe de Estado, como se exige em um período de luta para a formação e a consolidação do poder, a indicação de classe, contida na Arte da guerra, deve ser entendida para a estrutura geral do Estado: se os burgueses das cidades quiserem pôr fim à desordem interna e à anarquia externa terão de buscar o apoio dos

camponeses como massa, constituindo uma força armada segura e fiel.[7]

Segundo Gramsci, o Estado absoluto tem um conteúdo social preciso: é a estrutura política que torna possível o desenvolvimento secular da burguesia. A mesma doutrina militar de Maquiavel reflete a necessidade política de cooptar os "camponeses como massa", fazendo com que entrem na nova estrutura social burguesa, como de resto acontece, bem mais tarde, na Revolução Francesa. A fase precedente, dos séculos XVI ao XIX, ou seja, "a era do mercantilismo e das monarquias absolutas",[8] pode e deve, de acordo com Gramsci, ser lida como o momento em que os "novos grupos sociais citadinos", que nasceram no terreno da experiência das Comunas, são inseridos na "estrutura estatal, recriando essa estrutura e introduzindo um novo equilíbrio de forças que permite seu desenvolvimento rapidamente progressivo".[9]

Como se vê, Gramsci não está raciocinando em termos abstratos ou formais. Sua concepção é *realística* em relação à política e ao direito: no seio do Estado absoluto, e graças à política econômica do mercantilismo, vão se desenvolver, *de fato*, forças sociais novas. Em termos mais precisos: a burguesia, formada no mundo das comunas italianas do século XIII, vai ser "inserida" nessa nova estrutura política, e já só por essa razão modifica os equilíbrios das suas forças internas.

---
7 *QC*, p. 9.
8 *QC*, p. 1017 (caderno 8, parágrafo 126).
9 *QC*, p. 1152 (caderno 9, parágrafo 89).

O que importa, conforme Gramsci, é o modo como os equilíbrios das forças vão gradualmente se modificando no decurso dos séculos que vão desde o nascimento do Estado absoluto até a Revolução Francesa, em que se dá uma explosão das contradições nessa modificação, entregando *também formalmente* o Estado nas mãos da nova força produtiva burguesa.

O conceito de "relações de forças" e de "equilíbrio das forças" é, nesta interpretação, decisivo. É a relação das forças – relação efetiva, real, – aquilo que define o verdadeiro conteúdo do Estado, mas essa relação não é sempre a mesma, pois o equilíbrio das forças é instável, é dinâmico, está continuamente mudando. Por essa razão, a burguesia deverá tentar "pesar", como força, dentro do equilíbrio do Estado absoluto, o máximo possível, para modificar em vantagem própria essa estrutura política. O caminho que vai levar do mercantilismo à economia política clássica, e do Estado absoluto ao Estado constitucional, realiza-se justamente graças ao deslocamento gradual, imperceptível nas relações das forças.

A necessidade de "pensar" no deslocamento dos equilíbrios, segundo Gramsci, tinha sido perfeitamente compreendida por Maquiavel. A prova disso é a necessidade, por ele postulada, da unidade político-militar entre burguesia urbana e massa camponesa. Desse modo, poder-se-ia dizer que ele é um jacobino *ante litteram:*

> Toda formação de vontade coletiva nacional popular é impossível sem que as massas de

camponeses agricultores entrem simultaneamente *na vida política. Isso é o que Maquiavel queria por meio da reforma da milícia, foi isso que fizeram os jacobinos, na Revolução Francesa, e nisso é que consiste o jacobinismo precoce de Maquiavel, o germe fecundo da sua concepção da revolução nacional.*[10]

Como se vê, a empreitada de uma releitura de Maquiavel como político do seu tempo, como homem da sua época, leva Gramsci a encontrar os motivos da sua atualidade em conceitos bem diversos daqueles do maquiavelismo. A atualidade de Maquiavel consiste, segundo Gramsci, não só na sua capacidade de pensar as novas necessidades do Estado absoluto, mas de fazê-lo *do ponto de vista da nova força social e política que se apresentava no cenário europeu: a burguesia*. Maquiavel, como se vê, é um pensador burguês, mas não desse ou daquele segmento, nem tampouco desta ou daquela burguesia urbana, ou regional. Ele é, sim, o pensador da burguesia como *força política revolucionária*.[11] Revolucionária, porque tem necessidade de

---

10 *QC*, p. 952-953 (caderno 8, parágrafo 21).
11 Retomo, aqui, as teses de Giuliano Procacci, Machiavelli rivoluzionario, *in:* MACHIAVELLI, N. *Opere scelte*, Gian Franco Berardi (Ed.). Roma: Editori Riuniti, 1969, p. 12-36. Sem dúvida, como observa Procacci, *ibid.*, p. 35-36, no Renascimento, "revolução" designa, ligando-se à sua originária acepção astronômica e astrológica, uma "regeneração integral" da vida de um corpo mediante o retorno à sua origem. Como vamos ver, o conceito de "inovação" política coincide, para Maquiavel, com o de "redenção" ou "restauração". Isso quer dizer que ele não raciocina de acordo com uma filosofia da história em contínuo progresso (do modo como se começou a fazer nos séculos XVIII e XIX) em que se desenrola um tempo único e linear, mas de acordo com um conceito de tempo plural e reversível. Isso lhe impede também qualquer abordagem

conquistar o Estado, para que possa desenvolver adequadamente as relações sociais correspondentes a ela. Colocando-se do ponto de vista dessa classe como força política unitária, Maquiavel pode articular um discurso hegemônico, postulando a aliança com a massa camponesa como condição da formação de uma "vontade coletiva nacional popular", ou seja, de uma força capaz efetivamente de conquistar o Estado.

Essa formidável e anacrônica projeção histórica de Maquiavel para a Revolução Francesa explica-se à luz daquilo que se viu ser, para Gramsci, o conteúdo real do Estado: as relações de forças. Pois justamente esse conceito é que é, segundo ele, a principal conquista teórica de Maquiavel, cujas concepções são o resultado, de fato, das seguintes "condições" e "exigências":

> 1) *das lutas internas da república florentina e da particular estrutura do Estado, incapaz de se livrar dos resíduos comunais-municipais, ou seja, de uma forma de feudalismo que se tornara cerceadora do progresso;* 2) *das lutas entre os Estados italianos para um equilíbrio no âmbito italiano, que era obstaculizado pela existência do papado e pelos outros resíduos feudais, municipalistas, da forma estatal citadina e não territorial;* 3) *das lutas dos Estados italianos mais ou menos solidários para um equilíbrio europeu,*

---

de caráter teleológico. Sobre o conceito de revolução em geral, cf. RICCIARDI, M. *Rivoluzione*. Bolonha: il Mulino, 2001, p. 27-31. Ugo Dotti (*Machiavelli rivoluzionario. Vita e opere*. Roma: Carocci, 2003) entende, porém, o termo com referência ao novo modo de interpretar a natureza e o papel da moral.

> *ou seja, das contradições entre as necessidades de um equilíbrio interno italiano e as exigências dos estados europeus em luta pela hegemonia.*[12]

Como se está vendo, os círculos concêntricos que vão da Florença à Itália, e daí à Europa, indicam sempre o mesmo problema e solicitam a mesma reflexão teórica. O problema aberto vem do feudalismo como formação social e como estrutura de poder, que obstaculiza o livre desenvolvimento da burguesia e frustra suas aspirações políticas. A reflexão teórica necessária para resolver esse problema é a noção de "conflito", de "lutas", nos contextos específicos em que se desenrolam. Assim, as lutas entre os estados europeus vão ter uma repercussão sobre as lutas entre os estados italianos e estes, por sua vez, condicionam os conflitos internos em Florença. Deve-se, portanto, colocar o conflito na sua dimensão territorial e político-social. E é a partir dessa colocação que se torna, então, possível identificar a força progressiva capaz de ligar os três níveis. Essa força é a burguesia. Mas, para que se quebre seu elo com o feudalismo, é necessário que sejam derrotados tanto o "municipalismo", isto é, o confinamento do Estado dentro da "forma citadina de Estado", como o papado, é o mesmo que dizer: aquele tipo de principado que, embora sem forças próprias, não é, todavia, eliminável por estar sustentado "pelas ordens antiquadas da religião".[13]

---

12 *QC*, p. 1572 (caderno 13, parágrafo 13).
13 *O Príncipe*, capítulo 11, v. 1, p. 148.

O conceito de conflito e a perspectiva política burguesa revolucionária levantam novos problemas. Antes de tudo, o do Estado absoluto como única força capaz de destruir o particularismo jurídico e territorial, unificando assim cidade e campo sob um único poder soberano. Em segundo lugar, a religião como energia política poderosíssima e instrumento de governo nas mãos dos segmentos feudais. Com efeito, no novo Estado absoluto, e de modo especial após a Reforma Protestante, a matéria religiosa vai ser cada vez mais atribuída a si pelo poder político do monarca. Mas o interesse de Maquiavel está voltado para outra coisa. Ele considera a religião como terreno de um conflito entre forças diversas, e nos *Discursos sobre a primeira década de Tito Lívio* explora suas formas e funções na luta entre patrícios e plebeus nos primeiros anos da república romana, com o fito de mostrar como ela assume um significado diferente, de acordo com a perspectiva considerada: na do povo ou na dos grandes, dos governados ou dos governantes.[14]

A formação de uma vontade coletiva nacional popular como conteúdo real do Estado absoluto passa, por isso, também por uma luta no terreno *religioso*, coisa que Gramsci chama de "reforma intelectual e moral" que deve, segundo afirma, ser "parte importante do príncipe moderno".[15] Essa dimensão da luta será de fato desenvolvida só muito mais tarde, pelos jacobinos. Pois eles, "instituindo o culto do 'Ente

---
14 Esses temas serão explorados no capítulo 4.
15 *QC*, p. 1560 (caderno 13, parágrafo 1).

Supremo'", tentam "segurar com mãos firmes toda a vida popular e nacional", assentando assim as bases do "Estado moderno leigo – independente da Igreja –, que busca e acha em si mesmo, na sua vida complexa, todos os elementos da sua personalidade histórica".[16] No postulado maquiaveliano da unidade de classes burguesa e camponesa, já se acha, porém, a origem dessa abordagem, que enfeixa em uma só questão a unificação nacional e a social, que liga intimamente a questão ideológica à religiosa.

No entanto, ainda hoje, Maquiavel é geralmente lido como o teórico da política *em geral*, o descobridor das leis distintas e autônomas "da política que se acha além, ou melhor dizendo, aquém, do bem e do mal moral".[17] Gramsci propõe outra leitura: Maquiavel como homem do seu tempo, da Itália, que atravessou, a partir da invasão francesa, em 1494, uma época de guerras ininterruptas e caiu em uma "crise [...] geral".[18] Daí a ideia do Estado absoluto como única via de saída, mas ao mesmo tempo (e aqui se acha a genialidade do Secretário) a necessidade de que a burguesia se constituísse como força hegemônica, capaz de resolver, de forma realista, todas as questões abertas da vida nacional.

---
16 *QC*, p. 763 (caderno 6, parágrafo 87).
17 CROCE, B. Elementi di politica (1925), in: *Id. Etica e politica* (1931). Roma-Bari: Laterza, 1967, p. 205. Veja também: *Id. Filosofia della pratica. Economia ed etica* (1908). Bari: Laterza, 1963 (8. ed.), p. 279.
18 Procacci, *Machiavelli rivoluzionario*, cit. p. 18. *Cf.* as várias contribuições contidas em *Italy in Crisis*, Jane Everson e Diego Zancani (Ed.). Oxford: European Humanities Research Centre of the University of Oxford, 2000.

Desse íntimo nexo entre crise e revolução é que decorre a dramaticidade do pensamento maquiaveliano, seu caráter antinômico, a centralidade nesse pensamento do tema do conflito, ou seja, da política como forma de guerra, e da guerra como forma de política. Daí decorre, além disso, a análise da realidade em termos de relações de força e a centralidade do fenômeno religioso como fundamento do poder. Mas também daí decorrem as desarmonias e aparentes incongruências em suas obras, e que ainda hoje embaraçam os críticos: como será possível afirmar que *O príncipe* seja a obra de um republicano?[19] Onde é que deveras Maquiavel exprime o que pensa, em *O príncipe* ou nos *Discursos*? Caso Maquiavel seja subtraído a uma leitura formalista, essas contradições vão aparecer como aquilo que de fato são: a tentativa, às vezes desesperada, de pensar concretamente a política do ponto de vista do *povo como um conjunto*, em uma situação na qual o povo não tinha mais nenhuma iniciativa política autônoma. Nesta perspectiva, as aporias que perpassam *O príncipe* poderão ser lidas, não só como a manifestação de uma contradição histórica, mas também como o anúncio da crise do Estado absoluto, do movimento *democrático* irredutível a qualquer lógica moderna da soberania.

Por todas essas razões, inclusive e sobretudo, nas quais Maquiavel é menos linear, logicamente menos

---

19 *Cf.* as observações precisas de BARON, H. Machiavelli: The republican citizan and the author of the Prince, *in*: *The English Historical Review* LXXVI (1961), p. 217-253.

definido, reside sua atualidade. É, principalmente, porque permitem o acesso a uma leitura desses últimos aspectos que tentei, neste livro, dar sequência às sugestões e indicações de Gramsci. O leitor encontrará aqui, portanto, uma proposta de reconstrução abrangente das obras mais importantes do Secretário – *O príncipe* e os *Discursos* –, a partir das perspectivas histórico-políticas que anunciam e das aporias que fazem emergir.

1.
Gramsci e Maquiavel:
O *príncipe* como "autorreflexão" e o problema da vanguarda

1. *O príncipe* e o povo

Um possível ponto de partida, para a reconstrução do modo como Gramsci lê Maquiavel, é o confronto entre duas passagens tiradas dos *Cadernos do cárcere*, e que remontam respectivamente a junho de 1929 e a maio de 1932.[20] A primeira dessas passagens já foi discutida na *Introdução*:

> Maquiavel é um homem totalmente da sua época, e sua arte política representa a filosofia daquele tempo, que tende à monarquia nacional absoluta, forma que pode permitir um desenvolvimento e uma organização burguesa.[21]

No segundo texto — fundamental, pois está na abertura do caderno 13 — lemos:

> Em todo o opúsculo, Maquiavel trata do modo como deve ser o príncipe para conduzir um povo à fundação do novo Estado, e a abordagem é conduzida com rigor lógico, com distanciamento científico. Na conclusão, Maquiavel, ele mesmo,

---

20 As datações dos textos dos *Cadernos* são colhidas, aqui e em seguida, em Gianni Francioni, *L'officina gramsciana. Ipotesi sulla struttura dei "Quaderni dal carcere"*, Nápoles: Bibliopolis, 1984, com observações precisas agora feitas por Giuseppe Cospito, Verso l'edizione critica e integrale dei Quaderni dal cárcere, *in*: *Studi storici*, 2011, n. 4, p. 896-904.
21 *QC*, p. 9 (caderno 1, parágrafo 10).

> *faz-se povo, confunde-se com o povo, mas não com um povo "genericamente" entendido, mas com o povo que convenceu com sua abordagem precedente, povo do qual ele se torna e se sente consciência e porta-voz, povo com o qual se sente identificado: parece que todo o trabalho "lógico" não é senão uma autorreflexão do povo, um raciocínio interno, que se realiza na consciência popular e que tem sua conclusão em um grito apaixonado, direto. A paixão, de raciocínio sobre si mesma, passa a ser agora um "afeto", febre, fanatismo de ação. Eis por que o epílogo de O príncipe não é algo de extrínseco, como se fosse algo "colado" por fora, simplesmente retórico, mas deve ser explicado como elemento necessário da obra, ou melhor, como aquele elemento que reverbera sua verdadeira luz sobre toda a obra e dela faz com que seja um "manifesto político".[22]*

O segundo texto não se caracteriza somente por uma riqueza muito maior e pela articulação do raciocínio. O elemento novo, no primeiro texto (1929) ainda ausente, é o caráter agora (em 1932) *problemático* da relação entre príncipe e povo, e o aparecimento, no jogo das referências *em perspectiva*, de um terceiro elemento, ao lado do povo e do príncipe, *o escritor*, o próprio Maquiavel. Em uma síntese extrema, o primeiríssimo aparecimento de Maquiavel nos *Cadernos* é todo desenvolvido em chave de resposta imediata a uma exigência *europeia*, portanto, de

---

22 *QC*, p. 1556 (caderno 13, parágrafo 1). Quem valoriza essa passagem, para uma leitura de Maquiavel, é PROCACCI, G. *Machiavelli rivoluzionario, cit.* p. 31-32.

tradução em termos nacionais do espaço da soberania moderna, para como se construía alhures (aqui, portanto, residiria a grandeza do florentino que, de outra forma, como se diz precisamente em outro texto, de março-agosto de 1931, seria um *utopista*).[23] Já na formulação posterior, a atenção incide sobre um aspecto que poderia parecer preliminar, mas que nesse meio-tempo veio a ser dirimente: como se institui *a relação entre príncipe e povo?* Qual *o papel, nessa relação, do escritor?* Portanto, no fim das contas, qual o *estatuto* científico e político, teórico e prático, de *O príncipe?*

2. Monarquia e república

Essa mudança corresponde ao gradual surgimento de um problema, conexo aos temas do interesse de Gramsci entre 1929 e 1932: o papel do intelectual na sua dupla relação com a luta política e a pesquisa, como "massa social", de "funções organizativas em sentido lato, quer no campo da produção, quer no da cultura, ou no campo administrativo-político".[24] Trabalhando com essas noções, Gramsci encara com dramaticidade crescente a questão concernente à natureza da *burocracia* nos organismos públicos e privados e, em conexão com isso, a natureza e a função da vanguarda política.

---

23 QC, p. 760 (caderno 6, parágrafo 86).
24 QC, p. 37 (caderno 1, parágrafo 43).

Com efeito, o ato de colocar em primeiro plano o caráter problemático da relação entre príncipe e povo, e o papel do escritor como função conectiva, podem ser lidos como outros tantos momentos de uma investigação sobre a natureza da vanguarda. E, efetivamente, a assimilação da relação entre príncipe e povo àquela que se dá entre vanguarda e massa começa a se delinear com suficiente clareza já em diversos textos anteriores, entre os quais se destaca o parágrafo 8 do caderno 4. Ao escrever *O príncipe*, observa Gramsci:

> Maquiavel [...] *está pensando "em quem não sabe", em quem não nasceu na tradição dos homens de governo, em que todo o conjunto da educação de fato, unida ao interesse de família (dinástico e patrimonial) leva a dar o caráter do político realístico. E quem não sabe? A classe revolucionária da época, o "povo" e a "nação" italiana, a democracia que exprime a partir do seu seio os Pier Soderini e não os Valentini. Maquiavel quer fazer a educação dessa classe, da qual deve nascer um "chefe"* que saiba aquilo que se faz e um povo que saiba que aquilo que o chefe faz é também seu interesse, *não obstante, possam estar essas ações em contraste com a ideologia difusa (a moral e a religião).*[25]

Nessa passagem (que remonta a 1930) temos um primeiro anúncio do problema. Gramsci rejeita a leitura republicana oblíqua de *O príncipe*, proposta

---

25 QC, p. 431 (grifo meu).

por Ugo Foscolo,[26] dando preferência àquela que vê uma relação *direta* entre Maquiavel e a democracia, na qual a figura do "príncipe novo" preencheria uma gaveta que a parte popular – por uma série de razões históricas bem compreensíveis – deixa vazia, e que a parte senhorial – desde sempre adestrada para dirigir – é a única com condições de preencher. Aqui a figura do chefe e a do povo constituem um só conjunto, graças ao texto escrito por Maquiavel, conhecendo uma modificação decisiva quanto à própria natureza anterior. Ou seja, sua constituição é relacional: ambos existem enquanto "sabem" algo, e como esse "saber" é o de um "fazer" – o príncipe *sabe como se faz* a arte política, e o povo *sabe que esse fazer* do príncipe tem como alvo a própria vantagem. Trata-se de uma relação teórico-prática na qual ambas as partes acabam diferentes de como eram anteriormente, e essa diferença é efeito da escritura, difusão e aplicação – em uma palavra, da eficácia do "opúsculo *De principatibus*".

Tudo se encaixa? Na realidade as coisas são mais complexas e, sobretudo, menos lineares do que se mostram nessa primeira apresentação. Tomemos somente dois detalhes. Em primeiro lugar, o fato de que o príncipe, tendo em vista o modo como dele se fala aqui, é, ambiguamente, um homem "que nasceu na tradição dos governantes" (a pessoa à qual Maquiavel de fato se dirige) e um "chefe" (termo

---

26 Sobre este ponto, *cf.* PROCACCI, G. *Machiavelli nella cultura europea dell'età moderna*. Roma-Bari: Laterza, 1995, p. 377-378.

que Gramsci escreve entre aspas) que nasce, ao contrário, *do povo*: basta dizer que *a eficácia do escrito* de Maquiavel garante passar do primeiro para o segundo? E, em caso afirmativo, como é que se dá essa passagem concretamente? Não se teria aqui, antes de tudo, um curto-circuito, que simplesmente ignora a diferença entre as perspectivas monárquica e republicana? Gramsci, ao que parece, deu-se conta disso no momento em que define mais precisamente com um "também" a relação entre o povo e seu chefe ("um povo que sabe que aquilo que o chefe faz é *também* interesse seu"). Desse modo, é assinalada a *diferença*, que não se pode suprimir, entre a perspectiva popular e a principesca, independentemente da origem social do "chefe". Em uma palavra: se quem faz o interesse do povo é um homem proveniente do povo, *mas com o papel de príncipe*, e *a fortiori*, se o faz um príncipe de origem senhoril, o interesse que ele persegue não pode ser outro, *em primeiro lugar*, a não ser aquele do estado, e o do povo *só em instância subordinada* e, por assim dizer, de maneira *octroyée* ("outorgada", em francês, no original), enquanto o estado principesco do ponto de vista da estrutura, por mais que possa ser populista, tem por base *principalmente* a redução de *todos* os indivíduos à condição de súditos.

3. Vanguarda e massa

Ainda hei de retomar este ponto mais adiante. Aqui gostaria de ressaltar que esse "também" lança alguma luz sobre a própria noção de vanguarda, ou seja, sobre o papel do *partido político moderno* que efetivamente é, no projeto de Gramsci, um chefe que gradualmente se elabora *dentro* de uma determinada classe, mas que ao mesmo tempo assume, com relação a esta, um papel de direção, dela se distinguindo e sendo, por isso, capaz de elaborar e sintetizar as exigências dessa classe: não só as exigências circunscritas e imediatas, mas aquelas que põem essa classe *em relação ativa* com todas as outras, e projetam esse sistema móvel de relações em uma perspectiva progressiva de desenvolvimento nacional. Para Gramsci, com efeito, só é possível tornar a propor o príncipe de Maquiavel no mundo contemporâneo sob a condição de que seja transformado de acordo com duas modalidades fundamentais. A primeira, a mais conhecida, reside aqui: o príncipe "não pode ser uma pessoa real, um indivíduo concreto", mas

> *só um organismo, um elemento de sociedade, complexo, no qual já tenha início a concretização de uma vontade coletiva, que se reconhece e se afirma parcialmente na ação.*[27]

A segunda, nela implícita, mas talvez menos visível, é a passagem *da figura pública para a privada*, de indivíduo que, para usar os termos de Maquiavel, "de privado" venha a se tornar "príncipe", para príncipe ("chefe") que, *justamente como tal*, desenvolve a própria ação política no terreno *privado* da sociedade civil.

---

27 QC, p. 1558 (caderno 13, parágrafo 1).

Onde se acha então o nexo dessa passagem sobre *O príncipe* no parágrafo 8 do caderno 4 (o chefe e o povo), com a questão da vanguarda? Parece-me que o nexo está no fato de que o partido político moderno é, sem dúvida, um organismo privado (voluntário), mas ele, no presente de Gramsci, apresenta-se *também* como um princípio que revoluciona profundamente a relação entre o público e o privado, tal qual acontece na Itália fascista e na União Soviética. Esse tema é abordado por Gramsci no célebre artigo que não por acaso recebe o título de *Capo* (*Chefe*), publicado com destaque no primeiro número da terceira série do *Ordine nuovo*, em março de 1924. Aqui o "chefe", como na já citada passagem dos *Cadernos*, constitui-se simultaneamente com o povo, e o dirige. Mas, precisamente por conter um confronto entre fascismo e bolchevismo, esse texto de 1924 faz emergir, com notável clareza, a referência a Maquiavel, subjacente a toda a argumentação de Gramsci (1971):

> *Todo Estado é uma ditadura. Todo Estado não pode não ter um governo, constituído por um reduzido número de homens* [...]. *Enquanto for necessário um Estado, enquanto for historicamente necessário governar os homens, seja qual for a classe dominante, levantar-se-á o problema de ter chefes, de ter um "chefe".*[28]

---

28 GRAMSCI, A. *La costruzione del Partito Comunista 1924-1926*, Elsa Fubini (Ed.). Turim: Einaudi, 1971, p. 12.

Compare-se esse exórdio com uma famosa passagem do Secretário, contida no *Modo de tratar os povos do Vale do Chiana rebelados*:

> Ouvi dizer que as histórias são a mestra das nossas ações e, sobretudo, dos príncipes, e o mundo foi sempre de algum modo habitado por homens que tiveram sempre as mesmas paixões, e sempre houve quem servisse e quem mandasse, e quem servisse de má vontade e quem servisse de bom grado, e quem se revoltasse e fosse reprimido.[29]

Ou este, colhido na *Razão da ordem* (*Cagione dell'ordinanza*):

> [...] Todo o mundo sabe que quem diz império, reino, principado, república [...], diz homens que comandam, a começar pelo primeiro grau e descendo enfim até o comandante de um bergantim.[30]

A divisão entre governantes e governados é o ponto de partida de qualquer argumentação sobre o estado, portanto de qualquer projeto político. Não só o "chefe" que se faz "príncipe", governo, produz uma transformação na estrutura constitucional do estado, unindo de fato o espaço privado ao público, e cancelando a diferença entre ação política e provisão governamental. (Sobre o fato de se tornarem menos nítidos os limites entre política e legislação, Gramsci reflete em uma série de textos intitulados justamente *Maquiavel*; cf. os parágrafos 9, 13 e 34 do

---

29 *Del modo di trattare i popoli della Valdichiana ribellati*, v. 1, p. 24.
30 *Ibid.*, p. 26.

caderno 14). Todo artigo que Gramsci publica, em 1924, tem como objetivo contrapor o fascismo ao bolchevismo, mas, pelas razões citadas, a contraposição poderá ser material, e não formal; sociopolítica, e não jurídica. A esse respeito Gramsci, escreve que:

> Na questão da ditadura do proletariado o problema essencial [...] consiste na natureza das relações que os chefes ou o chefe têm com o partido da classe operária, nas relações que existem entre esse partido e a classe operária: trata-se de relações puramente hierárquicas, de tipo militar, ou se trata de relações de caráter histórico e orgânico?[31]

E mais adiante:

> A ditadura do proletariado é de caráter expansivo, não repressivo. Verifica-se um contínuo movimento de baixo para cima, um contínuo intercâmbio por meio de todas as capilaridades sociais, uma contínua circulação de homens.[32]

Como se vê, e, não obstante às expressões escolhidas por Gramsci (diferença na "*natureza* das relações"), a diferença entre fascismo e bolchevismo se acha toda encerrada no conjunto de *práticas* que, dia após dia, concretamente preenchem a política do "moderno príncipe". Essas práticas, dada a natureza anfíbia, público-privada, do moderno príncipe, têm um valor ao mesmo tempo político e jurídico-constitucional. Elas são simultaneamente

---
31 GRAMSCI. *La costruzione del Partito Comunista, 1924-1926*, cit. p. 13.
32 *Ibid.*, p. 15.

contingentes e instituintes, esboçam uma contínua inovação política no tecido do estado, mas ao mesmo tempo anulam essa inovação, transformado-a de fato em tecido constitucional.

4. "Chefe", "príncipe moderno" e "príncipe novo"

Chefe (*Capo*) é, pelo menos em parte, uma réplica[33] ao artigo de Benito Mussolini, *Força e consenso*, publicado na revista Gerarchia em março de 1923. Esse artigo, bem como o subsequente *Prelúdio a Maquiavel*, de abril de 1924, teve profunda influência no debate político sobre a maneira como se poderia solucionar a crise de consenso na qual a Itália se precipitara no pós-guerra.[34] A oposição entre Lenin e Mussolini está, portanto, fortemente condicionada pelo debate italiano, fortemente dominado, aliás, pela ênfase que se dava preferencialmente a *O príncipe*, em confronto com os *Discursos*, do Maquiavel teórico da fundação de Estados em confronto com

---

33 *Cf.* PAGGI, L. Il problema Machiavelli, *in: Id. Le strategie del potere in Gramsci, tra fascismo e socialismo in un solo paese, 1923-1926.* Roma: Editori Riuniti, 1984, p. 387-426; 406; SANGUINETI, F. *Gramsci e Machiavelli.* Roma-Bari: Laterza 1982, p. 14-16.
34 Os dois artigos agora se acham, respectivamente, *in:* MUSSOLINI, B. *Opera omnia*, Edoardo e Duilio Susmel (Ed.), v. 19. Florença: La Fenice, 1956, p. 195-196, e v. 20, p. 252-254. *Cf.* DONZELLI, C. *Introdução a Antonio Gramsci, Quaderno 13. Noterelle sulla politica del Machiavelli.* Turim: Einaudi, 1981, p. 50-52, BARBUTO, G. M. *Il principe e le masse. Letture machiavelliane: da Vilfredo Pareto a Gaetano Mosca, in:* CARTA, Paolo; TABET, Xavier (Ed.). *Machiavelli nel XIX e nel XX secolo.* Pádua: Cedam, 2007, p. 185-213; 194-196.

o Maquiavel lutador em prol da liberdade e da república. *O príncipe* funcionava de maneira geral como "um posto de observação para compreender a questão da relação entre poder e massas",[35] dirigindo a reflexão sobre esses temas – relação entre paixões e política, entre "quem não sabe" e "quem sabe", entre autoridade e consenso – para Gramsci, como se viu, centrais, mas a partir da perspectiva exatamente oposta. Mussolini, com efeito, no artigo de 1923,

> lia a crise do começo do século XX como processo de emancipação da decadência liberal, como o haviam demonstrado, ainda que de modos opostos, o fascismo e o comunismo. Daí se devia tirar a lição que, doravante, todo discurso sobre o consenso ou sobre a liberdade passava a ser inconcludente em face do imperativo, ditado pela experiência histórica, de adotar a força como elemento peculiar da política.[36]

Dessa situação provém a extrema delicadeza da posição de Gramsci que, pondo *O príncipe* no centro das suas considerações (Leonardo Paggi mostrou como entre 1923 e 1926 ele progressivamente reorganiza o próprio marxismo em torno do valor *teórico* do pensamento de Maquiavel),[37] enfrenta diretamente a questão de forma constitucional pós-liberal e pós-parlamentar, de acordo com a oposição entre um principado progressista (o bolchevista) e um

---

35 Barbuto, *op. cit.* p. 213.
36 *Ibid.*, p. 194.
37 *Cf.* PAGGI, L. *Il problema Machiavelli*, cit. p. 402ss.

regressivo (o fascismo). A exigência de *pensar* a política, explicitando em conceitos e, por conseguinte, em estratégias praticáveis aquilo que os bolchevistas haviam feito a partir de 1917, traduz-se em Gramsci na busca de uma relação entre partido e estado, e entre partido e massa social, que assuma politicamente, na perspectiva comunista, o caráter *ativo* de todas essas relações. E que ponha, portanto, em termos estruturalmente provisórios o nexo entre substância política e forma jurídica. Ficando só no terreno do direito, não será possível resolver o problema da democracia, mas criando uma nova relação entre esfera jurídica e prática política.

A filigrana maquiavélica ajuda assim a reconhecer na questão da vanguarda uma passagem crucial para uma política comunista, justamente por obrigar a fazer "a natureza das relações" entre partido-estado e massa depender não de um quadro jurídico qualquer, mas de um contínuo questionamento prático de todo o quadro jurídico dado, coisa que pode realmente acontecer apenas se houver de fato um envolvimento de massa, apenas se, de fato, o consenso necessário e procurado pelo partido-estado não for um mero termo passivo, mas internamente *animado* por uma atividade que o partido-estado não abafa, mas ao contrário considera como a chave de acesso ao próprio consenso. E, com efeito, em uma passagem do caderno 5, não por acaso intitulada *Maquiavel*, Gramsci observa que:

> Na realidade deste ou daquele estado o "chefe
> do Estado", ou seja, o elemento equilibrador

> dos diversos interesses em luta contra o interesse predominante, mas não exclusivista em sentido absoluto, é precisamente o "partido político". Este, porém, de modo diferente do que acontece no direito constitucional tradicional, nem reina nem governa juridicamente: tem "o poder de fato".

E conclui:

> Nesta realidade, que se acha em movimento contínuo, não é possível criar um direito constitucional – do tipo tradicional –, mas apenas um sistema de princípios que afirmem como fim do Estado seu próprio fim, seu próprio desaparecimento, qual seja, a reabsorção da sociedade política na sociedade civil.[38]

É fundamental observar que a chave do funcionamento da dialética aqui mostrada é a capacidade do partido-estado de *se desdobrar* realmente em função pública de partido-governo e função privada de partido-sociedade civil: só assim ele pode assumir a tarefa de equilibrar os interesses sem cair no egoísmo corporativo ou em um governo meramente administrativo do conflito social. De certo modo, deve o partido assumir uma dupla perspectiva: a estatal-governativa do "chefe" e a social-civil de uma massa de intelectuais, sempre imersa na massa dos governados, e que assume para si a tarefa de liderá-la, mantendo-se em permanente contato com esta e, sobretudo, tirando a própria legitimação da mobilização e do

---
38 QC, p. 662 (caderno 5, parágrafo 127).

envolvimento permanente dos governados (graças ao seu consenso *ativo*).

Trata-se de uma dinâmica bastante parecida com aquela do "príncipe novo", ao qual Maquiavel não se cansa de aconselhar que *faça do povo um amigo*. O autor de *O príncipe*, com efeito, é de opinião que o príncipe novo será induzido a escolher essa via, e não aquela aparentemente mais fácil e mais curta do apoio dos grandes ou de um vizinho poderoso, só se conseguir reconhecer, contra a opinião comum, que o verdadeiro fundamento do poder no Estado é o povo:

> *E que ninguém rejeite esta minha opinião baseando-se no velho provérbio que diz – quem toma por base o povo constrói sobre a lama: pois isso seria verdade quando um* cidadão privado *assim construísse e pretendesse que o povo o libertasse quando oprimido pelos inimigos ou pelos magistrados. Neste caso, poderia enganar-se muitas vezes, como aconteceu em Roma com os Gracos e em Florença com Jorge Scali. Mas se um príncipe tiver por base o apoio do povo, se souber* comandar, *se for homem de coragem, e não fraquejar nas adversidades, e não* lhe faltarem outras habilidades *e com ânimo e* sob suas ordens *houver a todos encorajado, jamais será* enganado *por ele e verá que terá construído sobre fundamentos bons.*[39]

Uma leitura desse texto pode nos dar uma pista para compreender as dificuldades e os perigos aos

---

39 *Il principe*, capítulo 9, v. 1, p. 145, grifos meus.

quais Gramsci se expõe, no momento em que assume *O príncipe* como paradigma de uma política que, considerando de forma realística as relações de poder, projete seu alcance revolucionário. Aqui, com efeito, como se vê, o duplo olhar (público-privado) do príncipe se torna possível precisamente graças ao fato de que ele não é um (elemento) privado e, por isso, tem nas mãos os instrumentos repressivos que lhe permitem – como escreve Maquiavel em outra passagem – ser um "profeta armado" e, por conseguinte, "forçar os descrentes a crerem" ("e convém, no entanto, ser ordenado de tal modo que, quando [teus súditos] não crerem mais, seja possível fazer que creiam à força").[40]

Aqui se detém o potencial emancipatório da política exposta e projetada em *O príncipe*: quando esbarra na lógica do Estado (vamos recordá-lo: "aquele que diz império, reino, principado, república [...], diz *homens que comandam*"). E vice-versa: para Gramsci o essencial reside na capacidade do moderno príncipe de conservar sua natureza *privada*, o que significa, em suma, não se burocratizar, não se deixar esmagar debaixo da lógica governativa do comando e da administração, entrando de fato na lógica do Estado (como se lê já no *Chefe*), mas sem a reduzir a uma técnica e, portanto, a algo eternamente necessário.

E é nesse ponto que entra em jogo aquilo que Gramsci denomina "sistema de princípios que afirmam como fim do Estado o seu próprio fim".

---
40 *Ibid.* capítulo 6, v. 1, p. 132.

Aquilo que diferencia príncipe e moderno príncipe é, em síntese, o fato de que, para o primeiro, a busca do consenso popular é um elemento subordinado e acessório, funcional para a afirmação da lógica da soberania, ao passo que, no segundo caso, a busca do consenso popular é parte integrante da *forma* de estado que o partido tem em vista construir, para conquistar sua própria legitimidade. Sendo assim, esse "sistema de princípios" não pode ser um horizonte regulador, que vai sem cessar se deslocando para a frente, mas deve ser investido na prática das relações de forças *atuais*, pois sem isso a aposta da política comunista vai ser logo perdida.

Como se sabe, Gramsci reflete longamente, nos *Cadernos*, sobre os riscos de burocratização e fetichização no partido político, riscos que assumem um realce inédito no caso de um partido-estado. Sua leitura do primeiro plano quinquenal e das discussões teóricas em curso no começo da década 1930, na União Soviética, leva a pensar que ao ver de Gramsci esses riscos tinham se materializado em muitas outras realidades. Considerem-se as iniciativas autoritárias e controladoras que detectava no fato de que a URSS se mostrava ainda apegada à "fase econômico-corporativa, em que se transforma o quadro geral da 'estrutura' ".[41] Na URSS, escreveu Gramsci em um dos últimos textos dos *Cadernos*, datado de junho de 1935:

---

41 *QC*, p. 1042 (caderno 8, parágrafo 169).

> *O desenvolvimento do partido em Estado exerce uma reação sobre o partido e exige dele uma contínua reorganização e desenvolvimento, tal qual o do partido e do Estado em concepção do mundo, ou seja, em transformação total e molecular (individual) dos modos de pensar e atuar, vai exercer uma reação sobre o Estado e sobre o partido, forçando-os a se reorganizar continuamente e pondo diante deles problemas novos e originais que têm de resolver.*

Mas logo acrescenta:

> *É evidente que essa concepção vai ser entravada, no desenvolvimento prático, pelo fanatismo cego e unilateral de "partido" (neste caso, de seita, de fração de um partido maior, em cujo seio se trava uma luta), isto é, pela ausência, quer de uma concepção de Estado quer de uma concepção de mundo, capazes de desenvolvimento enquanto historicamente necessárias [...].*[42]

O risco que aqui se perfila é que o desenvolvimento do partido que se torna estado, e do partido-estado que passa a ser concepção do mundo, aconteça sem uma adequada compreensão teórica e prática da natureza *contingente* da vanguarda, na ilusão sectária de uma autossuficiência técnica da organização e da administração, e também de um predomínio dogmático das questões nacionais da URSS sobre as questões de toda a Internacional. Ao falar de "seita [...], como fração de um partido mais amplo,

---

42 QC, p. 1947-1948 (caderno 17, parágrafo 51).

em cujo seio se luta", Gramsci parece estar aludindo precisamente à relação entre o partido bolchevista e a Internacional Comunista.

O fanatismo sectário nasce da completa incompreensão do que seja realmente um desenvolvimento historicamente necessário. Este, para Gramsci, é um conjunto de práticas políticas irredutíveis à expressão concentrada de uma vontade organizativa (o trabalho técnico de um aparelho), embora impensável sem sua presença. O otimismo da vontade não consegue mascarar o pessimismo da razão: esses "entraves" ("obstáculos") não eram coisa de pouca monta, dado que já se começava a produzir a série de processos por espionagem, dos quais Gramsci foi informado no decurso de 1936 por Sraffa. No tocante a esses processos, deve-se observar, ele se negou a exprimir o próprio julgamento.[43]

5. Maquiavel e Marx

À luz do gradual delineamento dessas ideias sobre o moderno príncipe, talvez se possa ler uma variante ao parágrafo 8 do caderno 4, o texto sobre chefe (*capo*) e povo recordado mais acima. Trata-se de um dos raros casos em que, no momento de transcrever um texto

---

43 *Cf.* SPRIANO, P. Gli ultimi anni di Gramsci in un colloquio con Piero Sraffa, in: *Gramsci trent'anni dopo. Rinascita-Il Contemporaneo* XXIV (1967), n. 15, 14 de abril de 1967, p. 14-16; 15; *idem Gramsci in cárcere e il partito*. Roma: L' Unità, 1988, p. 72-73; VACCA, G. Sraffa come fonte di notizie per la biografia di Gramsci, in: *Studi storici* XL (1999), n. 1, p. 5-38; 29.

de um caderno de apontamentos soltos para um monográfico, em vez de enriquecê-lo, matizá-lo e torná-lo mais complexo, Gramsci o dilui e simplifica, dá-lhe mais nitidez.

Spriano (1967) havia escrito:

> Maquiavel quer empreender a educação dessa classe, da qual deve nascer um "chefe" que saiba o que se faz e um povo que saiba que aquilo que o chefe faz é também seu interesse.

Agora afirma: "Pode-se considerar que Maquiavel queira persuadir essas forças (o povo) da necessidade de ter um 'chefe' que saiba o que quer e como obter aquilo que quer".[44] A relação sofreu uma completa mudança: na segunda redação está faltando completamente, se não me engano, a relação *orgânica, necessária*, entre massa e chefe, presente, no entanto, na primeira redação. Não temos mais um escritor, cuja mensagem pedagógica consista em tornar um povo capaz de exprimir um chefe (como imutável necessidade da ação política organizada), mas, de maneira muito mais crua, *uma aliança temporária entre partes diversas*, e o papel do livro de Maquiavel consiste precisamente em convencer o povo dessa transitória "necessidade". O chefe não é mais expressão da massa, mas, justamente quando estranho a ela, torna-se um mero *instrumento* dela. Não existe mais um "saber" comum de povo e príncipe, mas um raciocínio *interno* ao povo, entre a massa e o escritor, que tenta persuadi-la da oportunidade de

---

44 QC, p. 1601 (caderno 13, parágrafo 20).

seguir um chefe. Essa oportunidade não é um destino, é um encontro *contingente* de duas dinâmicas políticas, cuja afinidade não é substancial: uma conjuntura as leva a unir-se, mas seu próprio sucesso as levará de novo a se dividir.

Simplificando, talvez se possa dizer que a lógica da democracia e a da monarquia – a "igualdade" ("equalità": Maquiavel)[45] e a soberania, a participação ativa e a segurança passiva, a cidadania e a submissão – são aqui claramente distintas, embora materialmente se sobreponham por algum tempo. No lugar do nexo orgânico príncipe-povo entra o nexo orgânico intelectual-povo. E aqui, é bom ressalvar, o verdadeiro "lugar" do moderno príncipe foi tomado precisamente *pelo intelectual*, ou seja, pelo partido político enquanto este *não* for partido-estado, mas, pelo contrário, plenamente partícipe da sociedade civil, na qual o "forçar" não é a modalidade principal e normal de luta e de ação política, e o engajamento (da massa) ocorre sempre em base "voluntária".

Desse modo se torna legível também o texto que me serviu de inspiração, o parágrafo 1 do caderno 13, que também é fruto de uma variante, desta vez instauradora. Convirá lembrar brevemente suas passagens fundamentais:

> [...] *Na conclusão o próprio Maquiavel se faz povo e se confunde com o povo* [...], *com o povo que* [...]

---

45 *Cf. Discursos*, livro I, capítulo 17, v. 1, p. 245; *ibid.*, 1, v. 1, p. 311-312. *Cf.* BALESTIERI, G. G. "Equalità" e "inequalità" in Machiavelli, in: *Teoria politica* XXIII (2007), n. 2, p. 129-137.

> *convenceu com sua abordagem precedente, povo do qual se torna e se sente consciência e expressão, com o qual se identifica: parece que todo o trabalho "lógico" não é senão uma autorreflexão do povo, um raciocinar interno, que se faz na consciência popular* [...]. *Eis por que o epílogo de* O príncipe *não é um elemento extrínseco, não é algo "colado" de fora, algo retórico, mas se deve explicar* [...] *como aquele elemento que reverbera sua verdadeira luz sobre a obra inteira e faz dela uma espécie de "manifesto político".*[46]

A imagem de O *príncipe* como "autorreflexão do povo" é singular, mas perfeitamente compreensível à luz de tudo o que se disse. Ela expressa diversas exigências. Em primeiro lugar, ela formula a necessidade de uma pesquisa histórica sobre o modo como se constitui o Estado moderno, uma pesquisa que veja nessa formação um agregado instável de lógicas diferentes (a soberania e a "igualdade"). Portanto, o estado não como destino, mas como momento de passagem, lugar de uma aliança entre forças sociais diferentes e que conservam a própria respectiva diversidade; como forma, pois, em cujo âmbito se movem e lutam pelo menos duas tendências contrastantes: o igualitarismo democrático da cidadania e a uniformização monárquica dos súditos, e, por conseguinte: a gestão segregacionista da cidadania e a projeção internacional da luta em prol da igualdade.

---

46 QC, p. 1556.

Em segundo lugar, essa imagem reivindica a necessidade de pensar a realidade do povo (dos "muitos") não mais como algo análogo à força bruta, à paixão vital, mas não reflexiva, do impulso cego, e assim por diante (que é, aliás, o modo como predominantemente tem-se pensado o povo na Idade Moderna),[47] que pode achar uma "forma" apenas quando se entrega a um "chefe" capaz de domesticá-lo, domá-lo e guiá-lo. Mas como entrelaçamento de paixões e reflexão, isto é, como *reflexão desagregada e episódica*, que não se trata nesse caso de introduzir de fora, mas de ordenar e regular a partir de dentro (é o rumo que tomam as reflexões desenvolvidas por Gramsci, nos cadernos sobre filosofia e senso comum).[48]

Em terceiro lugar, essa passagem prospecta uma leitura de todo o opúsculo a partir da invocação final: a verdadeira natureza do tratado consiste em ser um "manifesto político"; ou melhor, como escreve Gramsci em um texto posterior, do outono de 1933,[49] "um 'manifesto' de partido", uma intervenção que tem como função "criar *ex novo*, originalmente", uma "vontade coletiva".[50] A parte analítica de *O príncipe* não é, por conseguinte, o reflexo de uma ordem que já exista, mas, na terminologia gramsciana, é uma "previsão",[51]

---

47 *Cf.* VILLARI, R. *Elogio della dissimulazione. La lotta politica nel Seicento*. Roma-Bari: Laterza, 1987, p. 10.
48 *Cf.* FROSINI, F. *Gramsci e la filosofia. Saggio sui "Quaderni del carcere"*. Roma: Carocci, 2003, p. 168-182.
49 QC, p. 1928 (caderno 17, parágrafo 27).
50 QC, p. 1558 (caderno 13, parágrafo 1).
51 *Cf.* THOMAS, Peter. Previsione, in: *Dizionario gramsciano 1926-1937*, G. Liguori e P. Voza. (Ed.). Roma: Carocci, 2009, p. 665-667.

ou seja, uma reconstrução estratégica da realidade como rede complexa de relações de forças, uma reconstrução cujo grau de realismo consiste nisso, que ela se faz a partir de uma perspectiva ou de um preciso ponto de vista: o de uma força política determinada, e em vista da sua afirmação; mas, sobretudo, *como elemento que contribui para essa afirmação*:

> *Quem faz a previsão na realidade tem um "programa" que se deve fazer triunfar, e a previsão é justamente um elemento desse triunfo.*[52]

Todos esses três pontos mereceriam ser desenvolvidos, mas aqui terei de me limitar a brevíssimas considerações. A propósito da gênese e da natureza do Estado moderno, como se depreende também de um texto posterior, no qual essas ideias são aprofundadas,[53] Gramsci enfatiza que o democratismo de Maquiavel é de um tipo diferente daquele historicamente dominante. Ele está disposto a uma aliança com a monarquia, porque não se identifica com ordenamentos constitucionais, mas com as relações de forças que a cada momento se devem definir. Para isso, é fundamental que o povo aceite, de modo "convicto e consciente", a temporária aliança instrumental com o príncipe novo, e que "o consenso das massas populares a favor da monarquia absoluta" seja "ativo", e não passivo,[54] não um consenso de súditos, mas de aliados. Ao redigir *O príncipe* como

---
52 *QC*, p. 1810 (caderno 15, parágrafo 50).
53 *Cf. QC*, p. 1689-1691 (caderno 14, parágrafo 33, janeiro de 1933).
54 *QC*, p. 1690-1691.

um manifesto de partido, Maquiavel teria, portanto, desempenhado papel pedagógico de massa, mas em um sentido completamente novo. A lição trazida em *O príncipe* não consiste de fato em alguma verdade nova. O livro se limita a tornar o povo "convicto e consciente de que só pode haver uma única política, a realista, para se alcançar o fim almejado".[55] A nova verdade se revela quando o povo é capaz de conhecer por sua própria conta a natureza da política e do poder, o nexo entre o objetivo a conquistar e os meios adequados e necessários para isso.

Dessa forma, teria Maquiavel contribuído para dissipar as ilusões ideológicas difundidas em relação ao Estado e ao poder como coisas sagradas. E aqui Gramsci acrescenta:

> A posição de Maquiavel, neste sentido, deveria ser aproximada à dos teóricos e políticos da filosofia das práxis, dado que eles também tentaram construir e defender um "realismo" popular, de massa, e tiveram de lutar contra uma forma de "jesuitismo" adequado aos tempos que estavam mudados.[56]

O novo "jesuitismo", contra o qual lutaram Marx e Engels, é o conjunto das ideologias que tiveram por objetivo fazer da ordem burguesa e do mercado capitalista estruturas correspondentes à natureza e não formações históricas baseadas na exploração. Marx e Engels, assim como Maquiavel, não

---
55 *QC*, p. 1691.
56 *Ibidem*.

difundiram verdades, mas um realismo de massa, isto é, a capacidade de evitar os enganos do poder.

Isso nos permite dizer alguma coisa sobre o segundo ponto. O Maquiavel escritor nos é apresentado como uma função conectiva, precisamente quando é capaz de identificar-se com o povo no terreno das atividades privadas da sociedade civil. É o caso de se perguntar se essa distinção de príncipe novo e escritor teria consequências sobre a leitura do jacobinismo e, indiretamente, do bolchevismo e da experiência do Estado soviético. Certamente a tem, enquanto rompe completamente com a ideia democrática da "educação do povo" e com a ideia bolchevista da "consciência externa", que o partido deve introduzir em uma classe que de outro jeito seria sindicalista. Apoiando-se precisamente no realismo antropológico de Maquiavel, Gramsci encontra um caminho diferente, alternativo: o intelectual-partido não é portador de verdade alguma a transmitir, e a classe operária não é, correspectivamente, destinada a cumprir uma "missão histórica". A classe se constitui e existe no movimento em ato da vontade coletiva, que o partido-intelectual suscita apenas enquanto consegue organizar a partir de dentro e de modo coerente os fragmentos de reflexão, presentes nas massas pulverizadas e dispersas. Por conseguinte, a verdade não é senão a bem-sucedida criação da vontade coletiva (vem a ser, como se poderia dizer com Maquiavel, uma "verdade factual").

Quanto ao terceiro ponto, enfim, isto é, quanto à natureza estratégica de O príncipe, basta acrescentar que a vontade coletiva não se cria ao bel-prazer, como um processo mecânico e arbitrário de justaposição, ou até mágico-mítico de evocação e incitamento. Essa vontade, como se lê no parágrafo 1 do caderno 13, surge somente "para determinado fim político" que, no caso em pauta, é representado "plasticamente" e "antropomorficamente" no símbolo do "príncipe novo".[57] Portanto, a previsão estratégica é uma intervenção que reúne, de modo *contingente*, elementos díspares, explorando uma determinada configuração destes e objetivando reordená-los com base em um deslocamento dos equilíbrios nas relações de forças. Essa configuração, diz Gramsci na esteira de Maquiavel, pertence ao campo da "ocasião", ou seja, de uma coisa cujo grau de realidade depende diretamente da tempestividade da intervenção política para realizá-la.

Em uma variante, descartada, que se acha no texto dos *Ghiribizi al Soderino*, Maquiavel escreve: "julgo que este mundo outra coisa não é a não ser ocasião".[58] Pode-se dizer que o esboço de uma concepção construtiva de uma democracia passa, de acordo com Gramsci, por uma releitura de Maquiavel que contenha, entre outras coisas, a conquista de uma concepção da realidade como *trama de nós estratégicos*,

---
57 *QC*, p. 1555.
58 MACHIAVELLI, N. Ghiribizi scripti in Perugia al Soderino, Roberto Ridolfi e Paolo Ghiglieri (Ed.), *in: La Bibliofilia* LXXII (1970), n. 1, p. 53-74; 73 (carta 220r).

de "pontos" em que se condensa, em forma "ocasional", o equilíbrio das forças, e que adquirem sentido tomando por base a *prospectiva* pela qual são lidos.[59]

---

59 *Cf.* FROSINI, F. *La religione dell'uomo moderno. Politica e verità nei Quaderni del carcere di Antonio Gramsci*. Roma: Carocci, 2010, p. 189-204.

II.
A república imaginada por Nicolau Maquiavel

1. A verdade de *O príncipe*

Segundo escreveu Giuliano Procacci, *O príncipe*

> não é senão formalmente um tratado De principatibus (*sobre os principados*), como diz o título [...], substancialmente ele é uma monografia sobre o principado novo como protagonista e veículo de uma regeneração política.[60]

Essa regeneração é um evento muito mais amplo que aquele resgate nacional da Itália "sem chefe, sem ordem, batida, despojada, dilacerada, saqueada",[61] que encontrou em Hegel e em De Sanctis os primeiros e mais ilustres representantes.[62] Com efeito, quando Maquiavel escreve *O príncipe*, não está pensando somente em libertar a Itália da opressão estrangeira, nem tampouco pensando só na necessidade de fundar um Estado forte, unitário, absoluto. Ele está pensando realmente também (e sem que as diversas partes possam ser separadas, sendo aspectos de um único projeto) na instituição de uma forma de poder que seja capaz de romper claramente "com

---

60 PROCACCI, G. *Machiavelli rivoluzionario*, cit. p. 28.
61 *Il principe*, capítulo 26, v. 1, p. 189.
62 Quanto ao Maquiavel de Georg W. F. Hegel e ao de Francesco De Sanctis, *cf.* PROCACCI, G. *Machiavelli nella cultura europea dell'età moderna*, cit. p. 370 e 414-419.

as formas políticas do passado",[63] ou seja, com o Estado visto como emanação e propriedade direta do soberano, conforme a tradição medieval.[64]

As referências, em *O príncipe*, ao apoio ("amizade") do povo como indispensável para a sobrevivência e para a consolidação do Estado, atestam o fato de que a preocupação de Maquiavel ultrapassa a figura do fundador. Seu olhar se dirige ao Estado como *organismo coletivo*, corpo complexo feito de partes não necessariamente harmonizadas entre si, mas que é possível harmonizar ou (dentro de certos limites) graças a uma política bem articulada. Essa política consiste na restauração das condições do "viver civil". Essa expressão indica, em Maquiavel, o primado da lei sobre o arbítrio individual (isto é, tanto sobre a anarquia licenciosa como sobre a tirania).[65] Caracteriza, por conseguinte, a monarquia bem ordenada. Tais

---

63 PROCACCI, G. *Introduzione* a Niccolò Machiavelli, *Il principe e Discorsi sopra la prima deca di Tito Livio*, Sergio Bertelli (Ed.). Milão: Feltrinelli, 1968 (2. ed.), p. 27-95; 54.
64 *Cf.* VIVANTI, C. Note intorno al termine "stato" in Machiavelli, *in*: *Storia sociale e politica. Omaggio a Rosario Villari*, editado por Alberto Merola *et al*. Milão: FrancoAngeli, 2007, p. 79-98; TENENTI, A. Percorsi della nozione di Stato: intorno al Machiavelli, 1499-1513, *in*: *Id. Etica e política. Due scritti sul Rinascimento*. Florença: Cartei & Becagli Editori, 2002, p. 37-63.
65 Quanto à distinção entre "viver civil" e "viver livre", *cf.* CADONI, G. *Machiavelli. Regno di Francia e principato civile*. Roma: Bulzoni, 1974, p. 111 e 180-217, e MATTEUCCI, N. Machiavelli politologo, *in*: *Id. Alla ricerca dell'ordine politico. Da Machiavelli a Montesquieu*. Bolonha: il Mulino, 1984, p. 69-108; nota 34 à p. 100. Ambos contestam a tese de Baron (*Machiavelli. The republican Citizen and the Author of the Prince*, cit. p. 226, nota e 234-235), segundo a qual "viver livre" caracteriza tanto as repúblicas quanto as monarquias, ao passo que o mero "viver político" é "quase idêntico a uma república."

condições não têm espaço em uma Itália dividida e submissa, e, uma vez instituídas, podem ser por sua vez a condição preliminar para o "viver livre". Em outras palavras, para uma evolução do principado

> em direção a formas políticas diversas, embora mantendo inabaláveis seus "princípios". Assim, o Estado monárquico fundado por Rômulo, e "consolidado" por seus sucessores, vai se transformar em república e gozar de vida longa e gloriosa.[66]

Olhando desse ponto de vista, fica difícil manter sobre *O príncipe* o juízo tradicional, que vê no livro um exemplo da abordagem realística da política, entendendo, neste caso, realismo como a negação de qualquer coisa que saia da esfera do poder e da luta visando conquistá-lo. No entanto, a oposição entre verdade e imaginação, contida no capítulo 16 do tratado ("fora minha intenção escrever algo útil a quem compreendesse, a mim me pareceu mais conveniente ir diretamente à verdade dos fatos, em vez de ficar imaginando coisas"),[67] parece esboçar, à primeira vista, um realismo desse tipo, resultante da separação de ética e política, e baseado em um forte pessimismo antropológico. Como resolver essa contradição?

Vamos iniciar observando um paradoxo. De modo bastante singular, esta abordagem realista e pessimista se concilia com uma leitura *cristã* de Maquiavel. Conforme essa leitura, a maldade da criatura humana tem

---
66 PROCACCI, *Introduzione*, cit. p. 1.
67 *Il principe*, capítulo 15, v. 1, p. 159.

como origem a "queda" no pecado, e a reivindicação de um mundo purificado e pacificado de "homens bons" não pode ser concretizada nessa realidade. Essas duas leituras possuem em comum, de fato, a *rigidez* e a *fixidez* com as quais assumem os termos da dicotomia ser/dever ser, e isso leva ambas as leituras a considerar aquilo que é possível fazer, isto é, a política. Esta, agora, vista como algo que não tem valor em si, enquanto justamente aquilo que não é possível fazer e que, por isso mesmo, é irreal, o Bem, é igualmente a única coisa que tem valor.

Daí resulta uma imagem trágica de Maquiavel, que não corresponde muito bem à sua personalidade, como se pode inferir do conjunto da sua obra e dos testemunhos biográficos.[68] Mas, acima de tudo, o conceito de política sofre um empobrecimento estranho ao Secretário florentino. Para que se possa dar conta disso, será bom reler as passagens-chave do capítulo 10 de *O príncipe*. Nesse capítulo, depois de ter enunciado o conceito de "verdade efetiva da coisa" ("como são as coisas de fato"), Maquiavel acrescenta a seguinte consideração:

> *E muitos imaginaram repúblicas e principados que jamais foram vistos ou conhecidos realmente. Pois é tão grande a diferença entre o modo como de fato se vive e o modo como se deveria viver,*

---

68 Sobre a personalidade de Nicolau Maquiavel, pode-se consultar, para um quadro de conjunto: RIDOLFI, R. *Vita di Niccolò Machiavelli*. Florença: Sansoni, 1978, (7. ed. revista e ampliada) e a mais recente síntese de VIROLI, M. *Il sorriso di Niccolò. Storia di Machiavelli*. Roma-Bari: Laterza, 1998.

> *que aquele que deixar o que se faz para empreender o que se deveria fazer, não tardará a conhecer a ruína, pois se alguém pretender sempre ser bom em tudo, acabará arruinado em um mundo de gente que não é boa.*[69]

A chave para interpretar essa passagem não está na oposição entre "aquilo que se faz" e "aquilo que se deveria fazer". Essa é uma oposição meramente tradicional e muito difundida, inclusive na época de Maquiavel. Ao contrário, a novidade da abordagem do florentino, revelada no começo do capítulo (enunciar regras sobre "o modo como um príncipe deve comportar-se em relação aos seus súditos e amigos)",[70] anuncia teses absolutamente novas, de fato muito diferentes daquelas dos "muitos" que "escreveram sobre isso".[71] Pode-se compreender essa novidade, considerando que a verdadeira oposição é outra: entre a pessoa que "pretende ser boa *em tudo* o que faz" e aquela que está disposta a comportar-se de outro modo, conforme as circunstâncias.

O desnível não está entre o ser e o dever ser, e sim entre o modelo imaginário de "repúblicas e principados" e os Estados que realmente existem e, por conseguinte, entre a rigidez de quem regula o próprio comportamento por modelos imaginários, e a flexibilidade indispensável para encarar as mutáveis necessidades da vida. A distinção entre imaginação

---
69 *Il principe*, capítulo 15, v. 1, p. 159.
70 Ibidem.
71 Ibidem.

e verdade dos fatos consiste nisto: a imaginação fica bloqueada e, por conseguinte, isola o comportamento do indivíduo das circunstâncias em que ele se acha. Dando crédito aos relatos dos escritores que imaginaram repúblicas perfeitas, o indivíduo se prende a uma promessa ("profissão", *professio*) fixa: "quer fazer *em tudo* (somente) o que é bom". A oposição não se acha, pois, entre o indivíduo ético e o egoísta, mas entre aquele que obedece a um esquema de comportamento fixo e, por isso, não adequado à realidade – e esse esquema pode ser aquele de alguém que deseja ser sempre bom, mas também o de alguém que não sabe comportar-se a não ser de forma egoística – e quem procura adequar-se às metamorfoses da realidade.

A "verdade efetiva da coisa" (a verdade dos fatos) é a denominação dessa nova lógica da realidade. Visto que o mundo se caracteriza pelo movimento, ele também está cheio de "inconvenientes", ou seja, cheio de circunstâncias aparentemente absurdas, que perturbam a lógica linear do raciocínio e das regras fixas e abstratas.[72] Em mais de uma passagem, Maquiavel insiste sobre esse ponto, ligando-o à necessidade de tomar decisões, e à impossibilidade de definir não *algum* bem qualquer, mas *o* bem absoluto e definitivo:

> [...] *Porque se acha na ordem das coisas, sempre que se tenta fugir de um inconveniente, acaba-se*

---

72 Na época de Maquiavel o termo inconveniente, *inconveniens*, oscila entre a acepção técnica típica da *quaestio* escolástica ("absurdo, impossível") e a ideia mais genérica de "coisa danosa, desordenada". *Cf. Vocabolario degli accademici della Crusca, in*: VENEZIA, G. A. 1612, *s.v.*, p. 432B.

caindo em um outro. A prudência, porém, consiste em saber conhecer as qualidades dos inconvenientes, e aproveitar o que há de melhor no que é ruim.[73] [...] *E em tudo o que é humano se percebe, examinando-se bem as coisas, não se pode nunca ficar livre de um inconveniente, que não tarde a surgir outro.* [...] *Mas em toda a nossa deliberação se deve considerar o que seja menos inconveniente, e adotar o melhor partido. Pois, no fim das contas, não há nada absolutamente seguro.*[74]

Os valores, na sua realidade, apenas se acham na mistura mutável da esfera deste mundo em que não se acha coisa alguma que seja eterna, imutável, pura.[75] "Portanto, é necessário, se um príncipe desejar se manter, aprender a poder ser não bom, e *usá-lo e não o usar segundo a necessidade*".[76] O comportamento que Maquiavel sugere ao príncipe se baseia, então, não no absoluto dos valores, e sim em outro gênero de absoluto — a "necessidade". Mas esta, por designar o conjunto das circunstâncias concretas, que mudam de tempos em tempos, delimita a esfera do que é mutável e relativo e, ao mesmo tempo, o modo como o príncipe (como qualquer outra pessoa) tem de conhecê-la.[77]

---
73 *Il principe*, capítulo 21, v. 1, p. 181.
74 *Discorsi*, livro I, capítulo 6, v. 1, p. 215.
75 Sobre o quadro naturalístico renascentista, no qual Maquiavel insere os episódios mundanos, *cf.* PAREL, A. J. *The Machiavellian cosmos*. Nova Haven e Londres: Yale University Press, 1992.
76 *Il principe*, capítulo 15, v. 1, p. 159.
77 Quanto ao conceito de "necessidade", *cf. infra*, capítulo 4.3. Quem destaca o nexo entre necessidade e fundação de uma nova ética é RAIMONDI, F. Machiavelli dal principato alla repubblica, *in:* MACHIAVELLI, N. *Antologia degli scritti politici*. Roma: Carocci,

2. Repúblicas imaginárias e verdade factual das coisas

Na realidade, não apenas a verdadeira oposição não se dá entre o mundo "como é" e o mundo "como deveria ser", mas entre duas concepções do bem, opostas: a primeira é rígida e abstrata, e a segunda, histórica e concreta. Todavia, não se pode tampouco dizer que à imaginação dos escritores, que inventaram os estados perfeitos, opõe-se a verdade ou a realidade. Aqui também a oposição se dá entre dois distintos tipos de imaginação. Com efeito, a "verdade de fato da coisa", como logo em seguida se esboça, é também algo que pertence à imaginação:

> Pondo, então, de lado as coisas imaginadas *acerca de um príncipe, e discorrendo sobre as* verdadeiras, *afirmo que todos os homens, quando se fala deles, e máxime os príncipes, por ocuparem postos mais elevados,* ganham notoriedade (sono notati) *por algumas dessas qualidades que lhes acarretam censura ou louvor. Assim, um é considerado liberal, outro miserável [...]; um é considerado pródigo, outro, rapace; um, cruel, outro, piedoso; um, traiçoeiro, outro, fiel.*[78]

E assim por diante. Por conseguinte, as coisas verdadeiras são o conjunto das qualidades atribuídas ao príncipe por quem o observa, tendo em vista a

---

2002, p. 11-41; 36. Para uma leitura diferente: WHITFIELD, J. H. *Machiavelli*. Oxford: Basil Blackwell, 1947, p. 67ss.
78   *Ibid.*, capítulo 15, v. 1, p. 159-160.

posição eminente que ocupa. Mas, na realidade, esse processo de atribuição de qualidades interessa a "todos os homens" nesta ou naquela medida. O terreno pelo qual passa esse processo universal de atribuição de qualidades é o da fala ("quando se fala deles"). Trata-se, então, de um fato relativo à expressão, à qualificação e ao juízo. O jeito de ver é, portanto, imediatamente, um jeito de dizer, de determinar certa imagem no discurso. O ato de ver, a imaginação e a palavra são sobrepostas em um modelo prospectivo, preciso. O príncipe é colocado no centro, no vértice de inúmeros cones visuais, tantos quantos forem os observadores que assistem à sua atuação pública (e a avaliam). Graças ao uso de um modelo prospectivo,[79] Maquiavel repensa um conceito muito importante da cultura política florentina da sua época, a *reputação*. Usa esse termo como um operador central para definir um novo conceito de verdade. A reputação, como se lê em um documento de governo da República de Florença (de 1496), "governa todas as coisas",[80] visto que, ao se identificar com

---

79 *Cf.* em geral VISSING, L. *Machiavel. La politique de l'apparence.* Paris: P.U.F, 1986; D'AMICO, J. *Power and perspective in La Mandragola*, in: Machiavelli Studies I (1987), p. 5-16; DAMIEN, R. *Paysage et lecture chez Machiavel*, in: Archives de Philosophie LXII (1999), p. 281-295 (sobre a *História de Florença*); MAZZOTTA, G. *Politics and art: The question of perspective in Della pittura and Il principe.* Rinascimento, série II, XLIII (2003), p. 15-29; JANARA, L. *Machiavelli's optical arts: political theory, action and realism*, artigo apresentado à Canadian Political Science Association Annual Conference, 2006 (cpsa-acsp.ca/papers-2006/Janara.pdf).
80 *Cf.* GILBERT, F. *Le idee politiche a Firenze al tempo del Savonarola e Soderini* (1957) *in*: *Id. Machiavelli e il suo tempo*, tradução italiana de Alda De Caprariis e Gustavo Gozzi. Bolonha: Il Mulino 1977, p. 67-114; 89.

o prestígio e a estima, contribui para revigorar ou debilitar toda força política. A reputação, nesses termos, era pensada como uma espécie de força (poder, energia) que se irradiava de um corpo individual ou coletivo, em razão de um grau pensado de modo correlativo, posto que esse grau se identificava com o reconhecimento que lhe era atribuído pelos corpos circunstantes.

A reputação é, portanto, um fato que diz respeito a todo mundo, sem exceção. E Maquiavel o resgata justamente nesta sua universalidade, quando escreve em *O príncipe*: "digo que todos os homens, quando se fala deles [...]". Mas há diferentes medidas: se alguém tem maior poder, como os príncipes, "que ocupam postos mais altos", a difusão de uma certa reputação ocorre mais rápida, com mais força e persistência do que para os outros homens, situados "embaixo", no meio do povo.[81] Não se trata, no entanto, de uma redução da verdade à flutuação do diz que diz, da tagarelice, da boataria. O verbo *notare*, no italiano do começo do século XVI, tem o valor de "anotar" por escrito.[82] A perspectiva na qual o

---

81 Quanto ao conceito de reputação em Maquiavel, *cf.* PAPARELLI, G. *Veritas humanitas divinitas. Le componenti dell'Umanesimo*. Messina-Florença: D'Anna 1960, p. 181-183; ZANON, R. "Potenza", "autorità", "reputazione" in Machiavelli (Principe, Discorsi, Arte della guerra), *Cultura Neolatina XL* (1980), n. 4/6, p. 319-332: 329-332. Acerca do nexo entre reputação e aparência, *cf.* SANTI, V. A. *"Fama" e "Laude" distinte da "Gloria" in Machiavelli, in:* Forum Italicum XII (1978), n. 2, p. 206-215.
82 *Cf.* MCCANLES, M. *The discourse of Il principe*. Malibu: Undena Publications, 1983, p. 89-90. *Cf. Vocabolario degli accademici della Crusca, cit.* p. 560A: "per iscrivere e contrassegnare".

príncipe tem o papel de protagonista e que, como se disse, é inseparavelmente, ao mesmo tempo um ver, um imaginar e um julgar, constitui concomitamente uma espécie de processo coletivo de escrita, uma "anotação" de qualidade, resultante da combinação de dois procedimentos distintos: O modo como o príncipe é visto e o modo como pretende se mostrar. Essa combinação pode ser influenciada pelo príncipe, mas não pode ser completamente dominada. O modo como sua "verdade efetiva" se formará continua parcialmente indeterminado, e está ligado a um risco que pertence a toda ação que se move no espaço aberto, no espaço público.

A verdade factual, efetiva, da coisa é, portanto, uma forma de imaginação que combina de modo aberto, dinâmico, a esfera do agir e a do aparecer: o que conta é apenas a ação que aparece (que dá na vista e que se pode "notar"). Mas, para aparecer, uma ação deve ser realizada no espaço público; em outros termos, deve ser uma ação *política*.[83] Identificando a verdade efetiva da coisa com esse complexo processo de formação da reputação, e identificando a reputação com as relações de poder, *Maquiavel faz da verdade um fato público, político*. Verdade não é coisa que se pode procurar e achar "nos escritores".[84] para a constituição e definição da verdade, é necessário sair ao ar livre, expor-se e aparecer, e com isso agir, e

---

83 *Cf.* CUGNO, A. Machiavel et le problème de l'être en politique, *in: Revue philosophique de la France et de l'Etranger CXXIV*, (1999), p. 19-33.
84 *Arte della guerra*, livro VII, v. 1, p. 688.

agindo, arriscar-se ao fracasso e à derrota. E, reciprocamente, pode-se afirmar que a expressão "muitos imaginaram repúblicas e principados" contrapõe-se claramente uma imaginação privada e, por isso, ilusoriamente unitária, a uma imaginação verdadeira, pública e, portanto, concretamente plural e, no limite, fragmentada em imagens contrapostas, mas, precisamente por isso, *eficaz e poderosa*.

A verdade, o verdadeiro ser do príncipe se define, nessa situação prospectiva, na qual seu agir é ao mesmo tempo um ser julgado e uma tentativa de exercer influência sobre a imaginação coletiva, construindo certa reputação. Governar seus súditos não é nunca – afirma Maquiavel – apenas uma ação, mas é ao mesmo tempo igualmente a modificação de certa imagem coletiva. Entretanto, o príncipe também se acha em uma situação prospectiva: ele não observa os próprios súditos do lado de fora, mas do alto da própria posição. Ele, portanto, modifica a imaginação dos outros só enquanto está ele mesmo imaginando. Daí se segue que a política e a verdade só podem ser determinadas passando pela imaginação, ou seja, por um jeito de ver as coisas que não é abstrato, mas que se acha concretamente imerso nas paixões de cada pessoa e que limitam, condicionam e deformam a perspectiva, mas também a tornam possível.[85]

---

85 Cf. VISENTIN, S. *La virtù dei molti: Machiavelli e il repubblicanesimo olandese della seconda metà del Seicento*, in *Machiavelli: immaginazione e contingenza*, DEL LUCCHESE, F. e SARTORRELO, L. (Ed.). Pisa: Sartorello, S. Visentin, Ets, 2006, p. 217-252.

O escritor tampouco se subtrai a esse critério. Maquiavel, como autor de *O príncipe*, declara no início do tratado qual sua posição: ele pode ousar "discorrer e apresentar regras quanto ao governo dos príncipes"[86] porque *faz parte do povo*. Como aqueles que se acham "embaixo, na planície", podem "avaliar a natureza dos montes e das elevações", assim ele também se acha "abaixo e inferior" de onde pode "conhecer bem" a natureza dos príncipes.[87] Então, o conhecimento é possibilitado por esse distanciamento, esse estranhamento mesmo político. O conhecimento é o ato pelo qual se põe uma coisa em perspectiva, e assim essa coisa se torna parte do mundo das aparências e pode entrar em nossa imaginação. Assim se institui também uma relação pública e política, de poder. O terreno das paixões, do conhecimento e da política é onde coincidem, portanto, essas forças em um espaço prospectivo que, como escreve claramente Maquiavel, não é plano, mas estruturado em um desnível alto/baixo, príncipe/povo ou senado/plebe.

Em síntese: na teoria da "verdade efetiva da coisa" se inscreve o mesmo livro intitulado *O príncipe*. Ele é redigido do ponto de vista do povo; discorre e regula os governos dos príncipes do ponto de vista de quem vai dar ou não o próprio apoio à fundação do Estado. Justamente por ser escrito "a parte inferior", é que pode indicar ao príncipe as providências necessárias para conquistar esse apoio.

---

86 *Il principe*, Dedicatória, v. 1, p. 118.
87 *Ibidem*.

Essas providências, que somente o ponto de vista popular pode conhecer, coincidem com as necessidades do Estado. Quanto a isso, já se disse no capítulo anterior: "Então é necessário, caso um príncipe queira se manter [no poder], aprender a poder ser não bom e usá-lo e não o usar de acordo com a necessidade".[88] Tendo em vista o desnível do poder e a concepção perspectivista do conhecimento, essa frase pode agora ser relida assim: deverá o príncipe adotar providências que, mesmo contra a moral abstrata, consolidam o Estado, visto nascerem do ponto de vista popular.

Apenas o povo pode conhecer aquilo que um príncipe realmente *deve* fazer. E pode ter esse conhecimento porque, não tendo poder algum, mas sendo a maioria numérica no Estado, é a parte à qual se deve reivindicar direitos, ou seja, a lei e a segurança contra o arbítrio dos senhores feudais, mas também maior poder e maior liberdade, de acordo com uma dinâmica que não se pode determinar ou limitar de antemão.[89] Mas o povo carece de prudência e se acha dividido: eis aí seu limite – que o livro tenta superar. Pelo ponto de vista do povo, dando-lhe voz, Maquiavel frisa a distância com relação ao mundo dos príncipes, mas ao mesmo tempo indica o terreno de

---
88   *Il principe*, capítulo 15, v. 1, p. 159.
89   Sobre a hostilidade de Maquiavel para com o feudalismo, *cf.* DOTTI, U. *Niccolò Machiavelli. La fenomenologia del potere*. Milão: Feltrinelli, 1979, p. 76-77, 114-117, que resgata as indicações de Gramsci, *QC*, p. 8-9, 951-953, 985, 1038-1039. Sobre a tensão entre ideologia comunal e análise histórico-política em Maquiavel, *cf.* TENENTI, A. "Civilità" e civiltà in Machiavelli, *in*: Id. *Credenze, ideologie, libertinismi tra Medio Evo ed Età Moderna*. Bolonha: il Mulino, 1978, p. 155-173; 164ss.

um possível encontro: no efeito produzido pelo livro
— a libertação da Itália — onde poderiam coincidir a
necessidade decorrente da matéria (o povo dos dominados) e a habilidade, a astúcia e a capacidade de
comando, que são tradicionalmente patrimônio do
mundo dos poderosos.

3. *O príncipe* e a história de Nicolau Maquiavel

Para que se possa testar esse caráter de verdade
efetiva de *O príncipe*, será oportuno lê-lo no contexto
de círculos cada vez mais abrangentes e interconectados, contexto em que o livro, como em círculos
concêntricos, inscreve-se. Os três níveis que vou
levar em consideração estarão na seguinte ordem: a
vida de Maquiavel, a história de Florença e a história
da Itália.

Quanto ao primeiro nível, podemos partir deste
juízo de Augustin Renaudet: "*O príncipe* não representa senão o trabalho de alguns meses, dedicado ao
estudo de uma hipótese ilusória".[90] Juízo não muito
diferente, embora bem melhor articulado, é aquele,
que remonta ao ano de 1925, de Federico Chabod.[91]
Ele também fala de "ilusão" acerca do propósito
de *O príncipe*: essa ilusão consistia em imaginar que

---
90 RENAUDET, A. *Machiavel*. Paris: Gallimard, 1955 (2. ed.), p. 175-176.
91 CHABOD, F. Del Principe di Niccolò Machiavelli, *in: Nuova Rivista Storica IX* (1925), p. 35-71, 189-216, 437-473; *in: Id. Scritti su Machiavelli*. Turim: Einaudi, 1964, p. 29-135.

ainda fosse possível aplicar um remédio à matéria corrompida da Itália do século XVI com os meios – o "Senhor novo" – que melhor representavam, ao contrário, essa doença.[92] Logo, justamente comparando *O príncipe* e a *Utopia*, de Thomas More, podia Chabod concluir: enquanto obras como esta, "à primeira vista mais falaz, revelando naquela época, na Europa, o anseio por novas sementes de vida", aquela outra, "a todas infinitamente superior pelo poder imaginativo e pela dramaticidade enfática, mostra claramente, em contraste, o ocaso de uma vida gloriosa, no término do seu curso".[93]

O príncipe foi efetivamente escrito, como se infere da célebre carta, de 10 de dezembro de 1513, a Francesco Vettori, dentro de alguns meses. Não só: dado que na precedente, de 26 de agosto do mesmo ano, ainda não se acha nem um só traço do intuito de escrevê-lo, seu propósito e sua concretização foram praticamente uma coisa só, e se desdobraram em poucas semanas. Verdade é que não sabemos o que exatamente seria o "opúsculo *De principatibus*" do qual Nicolau dá notícia na recordada carta de 10 de dezembro de 1513,[94] a saber, quantos capítulos abrangeria e que forma tomaria. Sobre esse ponto, a começar por Chabod e Meinecke,[95] até

---
92 *Cf. ibid.*, p. 82-90.
93 *Ibid.*, p. 89-90. A referência à *Utopia* é *ibid.*, à p. 90, nota.
94 *Epistolario*, v. 2, p. 296.
95 *Cf.* MEINECKE, F. *Anhang zur Einführung*, in: MACHIAVELLI, N. *Der Fürst*, tradução de Ernst Merian-Genast. Berlim: Hobbing, 1923, p. 38-47; e CHABOD, F. Sulla composizione de Il principe di Niccolò Machiavelli (1927), in: *Id.*, *Scritti su Machiavelli*, cit.

hoje,[96] está aberto o debate. Quanto a nós, porém, bastará por ora limitar-nos a fixar que por volta de dezembro de 1513 uma certa parte de *O príncipe*, talvez até a obra toda, estava pronta ao menos em uma primeira elaboração.[97]

Portanto, obra de um jato só, escrita evidentemente sob a pressão dos acontecimentos. E sobre quais seriam esses acontecimentos, uma pista em parte se indica na própria carta de 13 de dezembro. Na mensagem, depois de trocar ideias com o amigo Vettori sobre o jeito mais oportuno de fazer o *De principatibus* chegar ao nobre a quem era dedicado (àquela altura, Juliano de Medici), Nicolau observa que a redação do livro se deve não só à necessidade de achar um emprego para atender às suas necessidades materiais, e da família, mas também ao

> *desejo de que esses senhores Medici me empregassem, a seu serviço; pois, se eu não o ganhasse, estaria em muitos apertos; e por isso, quando ela fosse lida, ver-se-ia que esses anos que dediquei ao estudo da arte do estado, não os passei dormindo nem de joelhos, e cada um apreciaria servir-se de alguém que fosse cheio de experiência.*[98]

---

p. 137-193; mas já se achava alusão à tese *in*: Id. Del Principe di Niccolò Machiavelli (1925), *ibid.*, p. 29-135; 34-35, nota.
96 Refiro-me ao debate entre Giorgio Inglese, responsável pela edição crítica de *O príncipe* (*De principatibus*, texto crítico de Giorgio Inglese. Roma: Istituto Storico Italiano per il Medio Evo, 1994) e Mario Martelli (*Saggio sul Principe*, Roma: Salerno Editrice, 1999).
97 Voltarei a este problema *infra*, no capítulo 2, item 5.
98 *Epistolario*, v. 2, p. 297.

Diversos níveis motivacionais se combinam nessas palavras, embora o tom dominante seja o da esperança de ser chamado de volta ao serviço, depois de ter sido demitido em 7 de novembro de 1512, depois da volta dos Medici a Florença. Ao que parece, então, a urgência do escrito se deve totalmente à oportunidade de tirar vantagem própria da ascensão ao trono pontifício de Giovanni Medici, que acontecera em 11 de março de 1513, adotando o nome de Leão X.

Nessas linhas também se percebe, porém, algo mais amplo, que não contrasta com aquilo que se acaba de dizer, mas que não se pode conter em seu perímetro: é aquela que se poderia chamar a febre da ação, o desejo de ingressar de novo na vida prática, para mostrar tudo o que se aprendeu na década e meia transcorrida "estudando a arte do Estado". Essa motivação se lê na página anterior da mesma carta, na qual se conta como, ao cair da noite e de volta a casa das longas peripécias cômicas na temporada que passou em Albergaccio, veste-se "convenientemente" e mergulha na leitura dos "antigos homens" na qual, diz ele, "apascento-me com aquele alimento que é só meu e para o qual nasci".[99] E continua:

> [...] *E não sinto, passadas quatro horas, nenhum tédio, esqueço toda preocupação, não temo a pobreza, não me perturba a morte: entrego-me todo ao trabalho. E como Dante diz que não faz ciência sem que se tenha entendido, tomei nota daquilo que considerei mais importante, e compus um opúsculo:*

---
99 *Ibid.*, p. 296.

De principatibus, *no qual me aprofundo, quanto posso, pensando neste assunto.*[100]

Em um escritor tão avaro em expansões líricas, essas palavras devem ser sopesadas cuidadosamente.[101] É evidente, em todo o caso, que esse estado de *entusiasmo* traduz o relato de uma *descoberta*. O *príncipe* vem a ser, pois, não só um instrumento, para de novo entrar no jogo da política ativa, como também o anúncio de uma descoberta científica.[102] E essas duas coisas não só não se contrapõem, mas se invocam uma à outra.

Consideremos melhor este ponto, e vamos começar perguntando-nos do que, propriamente, *O príncipe* seria o anúncio. Seu conteúdo mais próprio é, como já se disse, não o principado como tal, e sim o principado *novo*, e este em particular como protagonista de uma *regeneração política*.[103] Toda essa combinação de temas é compendiada por Maquiavel sob o

---

100 *Ibidem.*
101 Uma minuciosa análise, inclusive estilística, desta carta (com bibliografia) está em INGLESE, G. *Introduzione a lettere di Niccolò Machiavelli a Francesco Vettori e a Francesco Guicciardini (1513-1527)*. Milão: Rizzoli, 1989, p. 22-33. Sobre essa carta, *cf.* também RIDOLFI, R. *Vita di Niccolò Machiavelli, cit.* p. 237-240; FERRONI, G. Le "cose vane" nelle Lettere di Machiavelli, *in: La rassegna della letteratura italiana LXXVI* (1972), p. 215-264; 231-237; NAJEMY, J. M. Machiavelli and Geta: men of letters, *in: Machiavelli and the discourse of literature*, Albert R. Ascoli e Victoria Kahn (Ed.). Ítaca e Londres: Cornell University Press, 1993, p. 53-79; e a reedição com sínteses e integrações *in*: NAJEMY, J. M. *Between friends. Discourses of power and desire in the Machiavelli-Vettori letters of 1513-1515*. Princeton (NJ): Princeton University Press, 1993, p. 215-240.
102 Quem insiste neste ponto é Baron, *Machiavelli: The republican citizen and the author of the Prince, cit.* p. 241-242.
103 *Cf.* o já citado Procacci, *Machiavelli rivoluzionario.*

termo de *virtù* (*virtude*). Ele não inventa o termo, mas lhe confere uma acepção de todo específica. *Virtù* (virtude), no léxico de *O príncipe*, não é, com efeito, predominantemente,[104] a propriedade de um indivíduo, mas aquilo que está entre um indivíduo, o cidadão privado que intenciona tornar-se príncipe, e o povo, ou seja, a multidão, cujo apoio deve conquistar para que possa dar uma base sólida ao principado novo. A *virtù*, portanto, não é propriedade individual, nem tampouco coletiva, mas é acima de tudo o vínculo entre um indivíduo e a coletividade da qual faz politicamente referência no curso do processo da inovação.

A descoberta de Maquiavel consiste no fato de ter compreendido que, em política, a inovação precede epistemologicamente a conservação, no sentido que a explica. É na inovação que a política, na sua natureza, mais nitidamente se contém. Portanto, a estabilidade dos principados e de qualquer outra forma de "império sobre os seres humanos"[105] há de ser explicada a partir da maneira do inovar, a saber, a partir da virtude ou ainda, em última análise, a partir da relação entre o príncipe e o povo, e não vice-versa.

---

104 Digo "predominantemente", porque em *O príncipe* se acha de fato presente uma tensão entre duas acepções diferentes de "virtù", entendida respectivamente como qualidade pessoal de um indivíduo excepcional e como vínculo entre o príncipe e o povo em vista de uma regeneração política. Para uma análise pormenorizada deste tema em *O príncipe* permito-me remeter ao meu trabalho L'ambiguità del vero e il rischio della virtù. Una lettura di Principe XV, *in: Machiavelli. Immaginazione e contingenza, cit.* p. 31-66 (*cf.* também *infra*, capítulo 3, itens 2-3).
105 *Il principe*, capítulo 1, v. 1, p. 119.

Há, de fato, uma diferença decisiva entre aquilo que Maquiavel denomina "inovação" e aquilo que ele chama de "variação" ou "revolução".[106] Com efeito, é apenas à primeira que diz respeito a centralidade analítica no conceito de política. A inovação é o gesto com o qual se reordena uma matéria, ou seja, o ato de fundar ou refundar uma ordem política, e com isso, entende-se uma forma de vida em sociedade que Maquiavel designa com a expressão "viver civil" e de modo mais geral "civiltà" (ou "civilità"),[107] e que se concretiza no primado da lei e da segurança, e se opõe à desordem e à corrupção. Ao contrário, as "variações" e as "revoluções" são as mudanças casuais a que é submetida uma matéria corrompida, ou seja, um corpo político desordenado e enfermo.[108]

A descoberta contida em *O príncipe* consiste, em suma, em ter compreendido que o "império",[109]

---

106 *Cf.* as "muitas revoluções" da Itália, em *O príncipe*, capítulos 26 (v. 1, p. 190) e 25 (v. 1, p. 186-187), no qual se fala da "variação enorme das coisas" nos tempos presentes, "todo dia, fora de qualquer conjetura humana"; e da Itália – "que é o lugar dessas variações e aquela que as desencadeou" – como terreno sem diques e sem nenhum cuidado. *Cf. contra* o "inovar com novos modos as ordens antigas" de *O príncipe*, capítulo 7 (v. 1, p. 138) a propósito de César Bórgia.
107 Sobre a expressão "viver civil", *cf. supra* nota 65. Quanto aos termos "civiltà/civilità", *cf.* TENENTI, A. *Civilità e civiltà in Machiavelli, cit.*
108 Sobre o uso da terminologia médica por Maquiavel, *cf.* ZANZI, L. *I "segni" della natura e i "paradigmi" della storia: Il metodo di Maciavelli.* Manduria: Lacaita, 1981.
109 Uso este termo, e não "poder", para sublinhar a irredutibilidade do pensamento de Maquiavel ao posterior horizonte contratualista e jusnaturalista das doutrinas do século XVII do poder dos soberanos. *Cf.* DUSO, G. *Il potere.* Roma: Carocci, 1999, especialmente p. 29-34 e o capítulo dedicado a Maquiavel (RICCIARDI, M. *La repubblica prima dello Stato. Niccolò Machiavelli sulla soglia del discorso politico moderno, ibid.*, p. 37-49).

que Maquiavel entendia como capacidade de comandar em diversos âmbitos de grandeza, pela disponibilidade de meios aptos para isso,[110] continua sendo inacessível a uma análise que não consiga lê-lo *na sua conexão com um projeto de "redenção"*. E que ninguém se admire com essa expressão: ela é usada por Maquiavel no último capítulo de *O príncipe*, e quer designar o modo como um príncipe deveria assumir a tarefa de libertar a Itália do estrangeiro. Indica, por conseguinte, o conjunto de um projeto de reconstituição de um "viver civil" na Itália, uma hipótese de inovação política ligada à reconstituição de valores éticos compartilhados. O conjunto inovação-redenção no vínculo entre príncipe e povo é propriamente a "virtù", e vice-versa, não existe "virtù" a não ser na presença de um projeto de "redenção".

Se essa é a descoberta que Maquiavel fez no verão-outono de 1513, na solidão do Albergaccio, começa a ficar mais claro também o nexo entre esse conteúdo e a destinação do livro aos Medici. Pois, àquela altura, e ao longo de toda a década, eles sem dúvida foram os únicos atores – além das suas efetivas capacidades e vontades –, por seu prestígio e sua

---

110 Em um escrito precedente, *La cagione dell'ordinanza* (1506), Maquiavel havia definido "império, reino, principado, república" como equivalentes a "homens que comandam, principiando-se do primeiro grau e descendo-se até o senhor de um bergantim" (MACHIAVELLI, N. *La cagione dell'ordinanza, dove la si truovi, et quel che bisogni fare*, v. 1, p. 26). E confronte essa passagem com o intuito expresso de *O príncipe*, ao dizer: "Todos os estados, todos os domínios que reinaram e reinam sobre os homens, foram e são ou repúblicas ou principados" (capítulo 1, v. 1, p. 119).

disponibilidade de meios e controle territorial, em condição de assumir e realizar praticamente a república imaginada por Maquiavel.

4. *O príncipe* e a história de Florença

1. Vamos, assim, à leitura de *O príncipe*, em conexão com a história de Florença. A esse propósito vem em nosso auxílio o texto.

Depois de ter discutido, no capítulo 6, o caso dos príncipes que alcançaram essa condição pela coragem e pelas armas próprias e, no capítulo seguinte, o caso dos que chegaram ao principado graças à sorte (*fortuna*) e às armas de outros, no início do capítulo 8 Maquiavel anuncia outros dois casos:

> Mas é possível que um simples cidadão se torne príncipe. Isso de dois modos: ou pela sorte ou pela coragem. Devo, então, tratá-los, embora de um se pudesse tratar mais amplamente na parte em que se tratar das repúblicas.[111]

Essa alusão foi interpretada por Hans Baron como testemunho da presença naquele momento, no escritório de Maquiavel, de materiais sobre as repúblicas, posteriormente inseridos nos *Discursos*.[112]

---
111 *Ibid.*, capítulo 8, v. 1, p. 139.
112 *Cf.* BARON, H. *Machiavelli: The republican citizen and the author of the Prince*, cit. p. 225, nota.

Voltarei, mais adiante, a esse tópico. Por ora, será suficiente observar que estamos diante de uma remissão ao capítulo 9, *De principatu civili*, que examina o modo como um cidadão privado se torna príncipe a partir de uma situação republicana, e não "pelo crime ou por outra intolerável violência" (como no capítulo 8), mas "com o favor dos seus outros concidadãos",[113] enquanto se torna o ponto de equilíbrio no contraste entre o povo e os nobres. Nesse capítulo, complexo mais pelas veladas alusões políticas atuais que encerra, do que por alguma intrínseca dificuldade do tema,[114] Maquiavel convida o príncipe civil a

---

113 *Il principe*, capítulo 9, v. 1, p. 143.
114 Sobre o capítulo 9 de *O príncipe*, *cf.* BARON, B. *cit.* p. 227; SASSO, G. Intorno a due capitoli dei Discorsi (1966), *in*: *Id. Studi su Machiavelli*. Nápoles: Istituto Italiano per gli Studi Storici, 1976, p. 111-159; MASIELLO, V. Crisi sociale e riforma política: La strategia del "principato civile", *in*: *Id. Classi e Stato in Machiavelli*. Bari: Adriatica, 1971, p. 49-124; 96-124; GIRARDI, E. N. Unità, genesi e struttura del Principe, *in*: *Lettere italiane* XXII (1970), p. 3-30; 20-21 e nota; CADONI, G. *Intorno a due capitoli del Principe*, *in*: La Cultura IX (1971), p. 342-375; SASSO, G. Sogliono questi principati periclitare (Principe IX), *in*: *La Cultura* XII (1974), p. 123-142; MARTELLI, M. La logica provvidenzialistica e il capitolo XXVI del Principe, *in*: *Interpres* IV (1981-1982), p. 262-384; 358-361; LARIVAILLE, P. *La pensée politique de Machiavel*. Nancy: Presses Universitaires de Nancy, 1982, p. 77-86; SASSO, G. Principato civile e tirannide I, *in*: *La Cultura* XX (1982), p. 213-275; *id. Principato civile e tirannide II*, *in*: *La Cultura* XXI (1983), p. 83-137; CADONI, G. Il principe e il popolo, *in*: *La Cultura* XXIII (1985), p. 124-202 (reelaborado e ampliado em duas partes, *in*: *Id. Crisi della mediazione politica e conflitti sociali. Niccolò Machiavelli, Francesco Guicciardini e Donato Giannotti di fronte al tramonto della Florentina Libertas*. Roma: Jouvence, 1994, respectivamente com o título *Il principe e Il popolo*, p. 93-165, e *Machiavelli e i tardi riformatori di Sparta*, p. 47-91); LARIVAILLE, P. Il capitolo IX del Principe e la crisi del "principato civile", *in*: *Cultura e scrittura di Machiavelli*. Atti del Convegno di Firenze-Pisa, 27-30 de outubro de 1997. Roma: Salerno Editrice, 1998, p. 221-239; MARTELLI, M. *Saggio sul Principe*, *cit.* p. 86 e nota; LAZZERI, C. La guerre intérieure et le gouvernement

assumir o poder absoluto antes que seja tarde demais. E essa demora consiste neste dado: o príncipe civil não pode jamais, justamente como príncipe *eletivo*, contar de forma absoluta com a obediência dos próprios súditos. Está, então, constantemente obrigado a negociar o poder com outros, de modo particular com os "magistrados" (representantes dos cidadãos que o nomearam príncipe), e o poder lhe é, de fato, subtraído justamente quando, em caso de perigo para a cidade, ele teria maior necessidade dele.

A descrição é clara: o principado civil é novo, *nasce da república*, não mediante *refundação*, quer dizer, por uma enérgica reconstituição *ab imis* de uma matéria corrompida, realizada por quaisquer meios, mas como expressão espontânea da república, como solução temporária e reversível de uma arrumação das peças no tabuleiro nas relações de forças entre povo e nobres.

Foi, a meu ver, demonstrado de forma convincente por Paul Larivaille, que Maquiavel estaria se referindo, nas entrelinhas, à situação de Florença depois de 1512, e que o capítulo 9 de *O príncipe* seria um convite a Lourenço de Medici, o Moço (ao qual era dedicado *O príncipe*) para se assenhorear da cidade com

---

du Prince chez Machiavel, in: *Archives de Philosophi LXII* (1999), n. 2, p. 241-254; LARIVAILLE, P. Il capitolo IX del "Principe" e la crisi fiorentina, in: *Studi di filologia e di letteratura italiana in onore di Gianvito Resta*, Vitilio Masiello (Ed.). Roma: Salerno Editrice, 2000, p. 345-354; FROSINI, F. *L'aporia del "pricipato civile". Il problema politico del "forzare"* in *"Principe"* IX, in: Filosofia Politica XIX, 2005, n. 2, p. 199-218; BALESTRIERI, G. *"Equalità" e "inequalità"* in *Machiavelli*, cit.

poder absoluto.[115] Aliás, esta não é uma ideia cultivada por Maquiavel só em 1513-1514.[116] Mesmo prescindindo dos problemas de datação de *O príncipe* (há, inclusive, quem sustente que a redação prosseguiu até 1518),[117] basta remeter à *Mandragola*, escrita e representada provavelmente para o casamento de Lourenço com Marguerite de La Tour d'Auvergne, em setembro de 1518. Na peça se reproduz alegoricamente (como, a meu ver, foi convincentemente demonstrado por Alessandro Parronchi e Antonio Sorella) a tomada do poder em Florença (Lucrécia) pelo jovem e audacioso Lourenço (Calímaco).[118]

Mas o que aqui mais importa destacar é o *valor de posição* desse jogo político, o modo como ele vai se arrumar nas relações das forças em campo, entre

---

115 *Cf.* os textos de Larivaille, citados na nota anterior.

116 Deve-se recordar que aos meses de fevereiro-março de 1514 remonta uma carta a Vettori em que Lourenço é retratado nas vestes do príncipe civil (MACHIAVELLI, N. *Epistolario*, v. 1, p. 316-317), carta que Maquiavel envia ao amigo, a fim de que possa mostrá-la, na ocasião oportuna, ao Pontífice ("e possa, quando surgir a ocasião, entregá-la da minha parte à Santidade de Nosso Senhor", p. 317).

117 *Cf.* MARTELLI, M. *Saggio sul principe*, cit.

118 *Cf.* PARRONCHI, A. *La prima rapprensetazione de La Mandragola. Il modello per l'apparato. L'allegoria* (1962), *in*: Id. *La prima rappresentazione de La mandragola*. Florença: Polistampa, 1995, particularmente p. 27-33; e SORELLA, A. *Il principe e la donna ragno*, *in*: Id. *Magia língua e commedia nel Machiavelli*. Florença: Olschki, 1990, p. 17-43. Segundo Parronchi e Sorella, Nícia representaria Soderini, mas talvez mais propriamente ele represente aquele poder formalmente republicano, de fato oligárquico e municipalista, que Soderini tinha em vão tentado quebrar, e que Maquiavel pede a Lourenço para aniquilar, tomando o poder. Uma outra tentativa, só um pouco diversa, de leitura alegórica, é a de SUMBERG, T. A. La Mandragola: an interpretation, *in*: *The Journal of Politics* XXIII (1961), p. 320-340 (alegoria de uma conspiração contra um poder corrupto).

Florença e Roma, no decorrer dessa década. A tese de Maquiavel consiste em ver a solução da crise na qual Florença (como reflexo da Itália) se debate a partir de 1494. Ou seja, a partir da invasão francesa – em uma tradução do problema florentino em escala nacional (portanto, em uma leitura antimunicipalista da crise), e ao mesmo tempo em uma corajosa tomada de posição simultaneamente contra a nobreza (filo-popular) e a linha de Savonarola (integralmente laica). Pois bem, essa mesma tese surge totalmente *isolada* na Florença dessa época, em que estava, ao contrário, se configurando um compromisso entre os Medici e a nobreza, sob a bandeira da república.[119] Maquiavel havia compreendido bem que só um republicanismo não mais alicerçado na tradição municipalista, mas aberto à Itália, e capaz, por essa razão, de cooptar e ganhar justamente os Medici, – vistos como as forças que, ao contrário, restauravam o antigo equilíbrio de poder dentro dos muros de Florença – poderia se propor de novo, expansivamente, na Europa da época. Em outras palavras, tornar-se de novo uma força política ativa no cenário mais amplo das "manobras de guerra"[120] da Itália, objeto de disputa entre espanhóis, franceses e imperiais. Para ele, em suma, levantava-se a questão de Florença em estreita

---

119 Quanto a tudo isso, e ao que vem a seguir, *cf.* DIONISOTTI, C. *Dalla repubblica al principato*, *cit.* p. 106-108, 110-111, 115, 121-122, e (sobre a política de "pessoas" e não de "instituições" dos Medici depois de 1512) ALBERTINI, R. von. *Firenze dalla repubblica al principato* (1955), tradução italiana de Cesare Cristofolini. Turim: Einaudi, 1970, p. 20-44.
120 *Il principe*, capítulo 26, v. 1, p. 190.

conexão com a de Roma, e isso significava envolver também os Medici.

O caráter paradoxal de tudo isso está não tanto no fracasso dessa hipótese, nem tampouco no fato de Maquiavel pensar em cooptar aqueles Medici que, pelo contrário, haviam lhe posto de lado por muito tempo. De fato, como o mostrou de forma convincente Carlo Dionisotti,[121] *O príncipe* – embora não tenha prevalecido – modificou de maneira radical os termos do debate acerca de Florença, obrigando os interlocutores a se confrontarem com a hipótese política nele representada. Por outro lado, a política de Lourenço de Médici, de 1514 até o dia da morte, aos vinte e seis anos, em 1519, está profundamente marcada pela leitura do livro: ele tentou, de fato, tornar-se príncipe (no sentido maquiaveliano) de Florença, compreendendo, todavia, a cidade como um Estado que incluía também a Toscana e a Romanha, ou seja, realizando aquilo que Valentino tentara sem sucesso pouco mais de dez anos antes, e que assim deixara tão fascinado o Secretário florentino.[122]

---

121 DIONISOTTI, C. *Dalla repubblica al principato*, cit. p. 107ss, 125ss.
122 *Cf.* ainda DIONISOTTI, C. *op. cit.* p. 123; ALBERTINI, R. Von. *Firenza dalla repubblica al principato*, cit. p. 31-37; Rosemary Devonshire Jones, Lorenzo de' Medici. Duca d'Urbino "Signore" of Florence? *In*: *Studies on Machiavelli*, Myron P. Gilmore (Ed.). Florença: Sansoni, 1972, p. 297-315. Sobre as modalidades e as razões da dedicatória de *O príncipe* "ad Magnificum Laurentium Medicem", *cf.* INGLESE, G. *Per Machiavelli. L'arte dello stato. La cognizione delle storie*. Roma: Carocci, 2006, p. 45-51 (no qual se discute também a bibliografia precedente) e WHITFIELD, J. H. *Machiavelli*. Oxford: Basil Blackwell, 1947, p. 64 (a dedicatória nasce do reconhecimento do fato de que Juliano e Lourenço tinham

O paradoxo representado em *O príncipe* está em outro lugar, a saber, no fato de que o *republicanismo* é aqui de novo proposto e relançado justamente como *liquidação da república*, como um convite a se assenhorear do poder absoluto no contexto em que há instituições republicanas, a reduzir a zero a pluralidade das instâncias e a refundar integralmente o poder enfeixando-o totalmente nas próprias mãos. É verdade que isso não é só o paradoxo, mas também a força, a audácia teórica de Maquiavel, que jamais deixou de ser republicano, mas que, *precisamente por isso*, alimentava a esperança de que

> *alguém, ainda que fosse um príncipe da família Medici, rompesse aquela trama de prepotências e conchavos mesquinhos das comunas que, desarmando e humilhando Florença, tinha contribuído para a geral humilhação da Itália.*[123]

Mas aqui se acha também a falha teórica que perpassa *O príncipe*. A obra é, com efeito, uma teoria da liberdade na forma da sua supressão, uma teoria da relação príncipe-povo na forma do poder absoluto do príncipe, teoria do consenso na forma da obediência, uma outra proposta do republicanismo na forma do principado absoluto.

2. A descoberta teórica, encerrada em *O príncipe* e que, não se deve esquecer, constitui um só

---

diante de si uma *ocasião* bastante semelhante àquela que pouco mais de dez anos antes César Bórgia tivera).
123 DIONISOTTI, *op. cit.* p. 111.

todo com sua finalidade prática, consistia no primado analítico da inovação sobre a conservação, e na identificação do nexo necessário e orgânico entre inovação e redenção. O principado novo seria por definição – na visão de Nicolau – um reordenamento da matéria corrompida, como mostrava o exemplo de Valentino, na Romanha, na sua ferocidade contra os senhores feudais e sua aliança com o povo, realizada mediante o "bom governo". Eis o que escreve Maquiavel no capítulo 7:

> Assim que o duque se apoderou da Romanha, e tendo-a encontrado sob as ordens de senhores impotentes – que tinham mais explorado que governado os súditos, e tinham suscitado mais a desunião que a união – de forma que a província estava infestada de latrocínios, assaltos e toda a espécie de crimes, julgou que fosse necessário, se quisesse pacificá-la e submetê-la à obediência ao braço do rei, dar-lhe um bom governo.[124]

O modo como César Bórgia consegue a *obediência* do povo à sua autoridade pessoal absoluta consiste na política enérgica de pacificação e restauração do respeito à lei sob o comando de Ramiro de Orco, mas logo depois

> o duque julgou que não era necessária uma autoridade tão excessiva, pois teve o receio de que se tornasse odiosa, e providenciou um tribunal civil na província, com um

---
124 *Il principe*, capítulo 7, v. 1, p. 136.

> *presidente muito bom, tendo cada cidade seu advogado.*[125]

Assim, Valentino obtém o *apoio* das populações. Obediência e consenso se conquistam em momentos diferentes, sucessivos, e se o primeiro corresponde ao ato pelo qual ele arroga para si uma *absoluta* autoridade de governo, o segundo constitui já um primeiro passo na *redistribuição* do poder, como Maquiavel encontrara (ou acreditara encontrar) na França, no *parlement* de Paris. E como já então a conhecia (e posteriormente teorizara nos *Discursos*) no *Rômulo,* de Tito Lívio que, depois de ter fundado a monarquia, conserva para si o exclusivo comando do exército e conjuntamente a faculdade de convocar o senado, pondo assim as pedras fundamentais do subsequente "viver livre".[126] Em Rômulo a instituição da monarquia já significa um marco fundamental para sua transformação em república. Não se pode duvidar também do fato de que Maquiavel via a fundação do principado novo, em termos de princípio, no âmbito dessa dinâmica que, do principado, vai levar à república.

Mas esta não é uma evolução necessária: Roma poderia ter continuado sendo monarquia, e se no exemplo de Valentino estava presente, de modo, por assim dizer, clássico, a dinâmica da inovação – da

---
125 Ibidem.
126 "Como Rômulo e todos os outros reis fizeram muitas e boas leis, em conformidade ainda com o viver *livre*, mas como seu fim era fundar um reino, e não uma república, mesmo a cidade sendo livre, ali faltavam muitas coisas que eram necessárias de se ordenar em prol da liberdade" (livro I, capítulo 2, v. 1, p. 206).

construção do poder absoluto para sua relativização; da suspensão da liberdade para sua restauração em um cenário modificado; da obediência para o consenso –, ela tampouco era a expressão de alguma necessidade. Outros muitos exemplos – de Francisco Sforza a Oliverotto de Fermo; de Agátocles a Gerônio de Siracusa – mostravam uma dinâmica (documentada em *O príncipe*) totalmente diversa: aqui a construção do consenso era exclusivamente funcional para a obediência e consolidação do poder absoluto.

Toda a questão se condensa, no capítulo 9, quando se trata do principado civil, na relação entre o príncipe e o povo. Aqui Maquiavel recomenda, como remédio para a instabilidade do poder do príncipe, algo conatural ao principado civil, que o príncipe faça do povo seu amigo:

> *E o príncipe pode ganhá-lo (o favor do povo) de muitos modos. E como estes variam segundo as circunstâncias, não se pode dar uma regra exata a esse respeito, então, não se abordam aqui. Vou apenas concluir que é necessário o príncipe ter no povo um amigo, de outro modo fracassará nas adversidades.*[127]

De fato, porém, ele sugere *um modo* para obter concretamente o apoio do povo. No capítulo 6 se lê que não é fazendo genéricos apelos ao povo que se pode conferir estabilidade ao principado novo, e sim organizando uma força militar, que esteja

---

127 *Il principe*, capítulo 9, v. 1, p. 144-145.

diretamente à disposição do príncipe, armas com as quais ele possa, quando lhe aprouver, forçar a crer mesmo quem não acredita nele ("e convém, todavia, estar preparado de tal sorte que, quando não mais acreditarem nele, seja possível fazê-los crer à força)".[128] Também no capítulo 9 ele volta a comentar precisamente que "aquele velho provérbio que diz: quem se baseia no povo, baseia-se na lama" não vale no caso em que o príncipe, que confia no apoio popular, é alguém "que pode comandar [...], e que dispõe de outros preparos".[129]

E este constitui o grande tema dos "profetas armados",[130] em que se condensa toda a ambiguidade do principado. Com efeito, a aliança entre o príncipe e o povo deveria – na opinião de Maquiavel – encontrar a própria confirmação na formação de uma milícia nacional, de "armas próprias" (tema dos capítulos 12-14). Mas se fossem constituídas pelo povo em armas (caso típico da milícia das comunas livres do século XIII), não mais estaríamos lidando com um principado, mas com uma república. Um povo armado é, com efeito, uma formidável força política, tendencialmente incompatível com um ordenamento político autocrático. De fato, os povos armados eram, na época de Maquiavel, apenas as cidades livres alemãs e os suíços. Em *O príncipe*, não por acaso, as "armas próprias" continuam ambiguamente suspensas entre uma

---

128 *Ibid.*, capítulo 6, v. 1, p. 132.
129 *Ibid.*, capítulo 9, v. 1, p. 145.
130 *Ibid.*, capítulo 6, v. 1, p. 132-133.

ideia de arregimentação obrigatória e uma ideia de tropas diretamente sob o comando do príncipe (mercenários extralegais) e que se podem empregar, conforme a necessidade, inclusive *contra o povo*.[131]

Em suma, escrevendo sobre o principado novo, Maquiavel tem – por assim dizer – diante dos olhos o modelo constituído pela república. No seu modelo analítico, que é ao mesmo tempo um projeto político, a estabilidade do principado, ou seja, o consenso popular ao poder do príncipe, *tende* a coincidir com a estabilidade republicana. Mas é, por definição, impossível que tal coincidência seja completa. Para que isso seja possível, seria necessário eliminar um traço essencial do principado: o fato de que nele sempre existe um maior ou menor componente de *violência*, pouco importando se é praticada ou apenas ameaçada. Fica de pé uma disponibilidade para o uso da força ("forçar" é a expressão de Maquiavel), no caso em que o povo subtraia ou pretenda subtrair ao príncipe o próprio apoio.[132]

Surge a partir daí um tipo singular de relação entre o príncipe e o povo. Este último é, sem dúvida, uma "parte" social precisa, contraposta aos "grandes", e tal qual deve o príncipe estipular com ele uma aliança social tendo por apoio os conteúdos do próprio

---
131 Considere-se, por exemplo, o caso do *condottiere* Francisco Sforza, no capítulo 7, como príncipe que conquistou o principado com "virtude" e com "armas próprias": Ele conquistou Milão, derrotando a República Ambrosiana, com as tropas da própria companhia de fortuna.
132 *Cf.* FROSINI, F. *L'aporia del "principato civile". Il problema politico del "forzare" in "Principe" IX, cit.*

governo (momento do consenso). Por outro lado, o príncipe, com a própria política absolutista, tende a reduzir a população inteira a um conjunto indiferenciado de súditos, todos *igualmente* submetidos ao próprio poder (momento da obediência). Se o primeiro momento está ligado às ideias de liberdade e república, o segundo independe totalmente desta, porque aqui encontra espaço para um poder *absoluto* do príncipe. Esse poder pode ser eventualmente usado até em sentido contrário ao estabelecimento de uma nova liberdade e de um novo tipo de cidadania ("civiltà"). Em termos mais concretos, a entrega a Lourenço de Medici do principado absoluto, em Florença, pode ser o prelúdio para se voltar a propor um renovado republicanismo em escala nacional, mas também ao principado de Cosimo I.

Estamos, assim, postos diante de um paradoxo, a saber, o principado novo deve ser *sólido* em *duplo* sentido: como só pode ser sólida uma república (por sua solidez social conflituosa, como ensinarão os *Discursos*), e assim como pode ser sólida apenas uma monarquia (pela estabilidade inquestionável do poder do rei e pelo princípio dinástico): mas esses dois sentidos não coincidem, e é daí que surgem diversas tensões políticas e, por conseguinte, teóricas. Maquiavel pede ao príncipe que realize uma aliança com as camadas populares contra os grandes, mas lhes pede, ao mesmo tempo, que eliminem precisamente aquele caráter condicional que uma aliança desse tipo implica. Pois nesse tipo de aliança é possível que o povo subtraia ao príncipe o próprio apoio, em uma palavra, o direito de resistência do povo, direito que se pode invocar nos momentos em que o príncipe perder de vista a unidade *necessária* de inovação e redenção. Pode-se, então, dizer que o príncipe, ao mesmo tempo, articula e desarticula o povo, que lhe confere solidez como parte social, escolhendo-o como parceiro de um pacto político, e o desagrega no conjunto dos súditos, subtraindo-lhe qualquer margem de autonomia – e em ambos os movimentos, incompatíveis entre si, acha-se presente o tema maquiaveliano de conferir solidez estrutural aos principados de fundação recente.

Assim se esclarece também a *não aplicabilidade* de *O príncipe*, no sentido preciso de ele não ser uma teoria concluída, que se trata de transcrever na prática, mas uma teoria aberta, que entrega ao seu interlocutor um objeto – o principado – que ele deve antes de tudo, *interpretar*, a fim de traduzi-lo em política. Assim, a realização política de *O príncipe* consistiria na resolução das aporias que o livro, caso considerado só como teoria, traz consigo. Maquiavel tinha visto como Valentino atuava, e sabia que o tipo de política, por ele teorizada, era possível, que os dois movimentos (agregação e desagregação do povo) podiam se equilibrar e contrabalancear *nos fatos*. Mas confiar ao príncipe a tarefa de interpretar as modalidades concretas da relação com o povo equivalia a deixar aberta, também na práxis, a possibilidade de uma política, por parte do príncipe, estranha ao horizonte da "redenção". Daí resulta que, tanto na teoria como na prática, *O príncipe* cria uma situação em que a uma só pessoa, ao príncipe, atribui-se uma extraordinária responsabilidade e um poder arbitrário que o intuito republicano de Maquiavel, na realidade, não poderia de modo algum prever.

5. *O príncipe* e a história da Itália

Vamos, assim, ao terceiro nível: a leitura de *O príncipe* no cotejo com a história da Itália. A esse propósito é necessário dizer logo que a noção de povo (no seu nexo com a de nação) se torna central, assim como vem a ser, por conseguinte, a interpretação do capítulo 26 de *O príncipe*. Mas, antes de chegar a esse ponto, devo brevemente abordar o tema da relação entre *O príncipe* e os *Discursos*, e quero me referir acima de tudo à relação no plano cronológico. Se, com efeito, como fazem alguns,[133] limitamos a composição de *O príncipe* ao começo de 1514, antepondo-lhe, todavia, os primeiros 18 capítulos do primeiro livro dos *Discursos*, intui-se entre as duas obras uma relação que se diria complementar, no sentido de que *O príncipe* seria o aprofundamento autônomo

---
133 *Cf.* principalmente: SASSO G. *Niccolò Machiavelli*, cit. Tomo I, p. 350ss, 479ss, seguido por INGLESE, G. *Per Machiavelli. L'arte dello stato, la cognizione delle storie*, cit. p. 93-155. Sobre a composição dos *Discursos*, *cf.* ainda GILBERT, F. Composizione e struttura dei Discorsi, *in: Id. Machiavelli e il suo tempo*, cit. p. 223-252, e BAUSI, F. *I Discorsi di Niccolò Machiavelli. Genesi e strutture*. Florença: Sansoni, 1985.

de um ponto problemático que se delineou durante a composição daquela obra sobre as repúblicas. Tratar-se-ia, então, de descobrir o modo como (capítulos 16-18 do primeiro livro dos *Discursos*) seria possível estabelecer um principado, ou uma república, respectivamente, no âmbito de um povo corrompido ou no seio de um não corrompido. E vice-versa, caso se estabeleça que os *Discursos* foram concebidos posteriormente à redação pelo menos de boa parte de *O príncipe*, e mesmo utilizando materiais de estudo eventualmente já presentes, mas tendo por base uma intuição teórica *nova*,[134] a relação entre as duas obras se mostra com uma clareza bem diversa. Em particular, os capítulos 16-18 do primeiro livro, com o 55 (ao qual se remete no final do 17), são acima de tudo a tentativa de esclarecer e dirimir as aporias de *O príncipe* (para as quais chamei a atenção) à luz da posição teórica *nova* dos *Discursos*, exposta nos capítulos anteriores, e que consiste na descoberta da "desunião"[135] de povo e grandes como fonte da liberdade e poder das repúblicas, e na articulação dessa noção com a de "religião"[136] e, então, com a noção de "corrupção",[137] pressuposta em *O príncipe*, não pensada todavia.[138]

---

[134] Como sustenta, a meu ver com argumentos convincentes, Baron, *Machiavelli: The republican citizen and the author of the Prince*, cit. p. 229-233.
[135] *Discorsi*, livro I, capítulo 4, v. 1, p. 208-210.
[136] *Ibid.*, livro I, capítulos 11-15; v. 1, p. 228-239.
[137] *Ibid.*, livro I, capítulos 16-18; v. 1, p. 240-248.
[138] Sobre tudo isso, *cf. infra*, capítulo 4.

Desse modo, O *príncipe* e os *Discursos* se apresentam como duas obras distintas por estatuto e finalidade, embora não pelo intuito teórico e pelo pano de fundo político a que fazem referência. Com efeito, nos capítulos acima recordados dos *Discursos* a atenção de Maquiavel está voltada para esclarecer o que significa "aliança entre povo e príncipe", enquadrando esse tema — coisa que não podia acontecer em *O príncipe* — à luz dos binômios república/principado e povo corrupto/povo incorrupto. Desse modo, pode-se pensar a relação entre povo e príncipe, além de toda ambiguidade. Com efeito, são formulados vários casos, que se diferenciam com referência à corrupção, ou à finalidade do comportamento do príncipe.

Primeiramente, Maquiavel esboça o caso de um príncipe que está exclusivamente interessado em conferir estabilidade ao próprio poder.[139] Ele deverá oferecer ao povo espaços de segurança por meio de leis às quais ninguém, nem mesmo o príncipe, poderá subtrair-se, e permitir que ele desafogue em parte seu rancor em relação aos nobres. Desse modo, o príncipe vai conseguir *escapar* da cobrança fundamental do povo — a de "recuperar sua liberdade"[140] —, justamente porque evitará conferir ao caráter absoluto do próprio poder os traços da tirania, mas vai fazer concessões reais às cobranças populares. Vem a seguir, nos dois capítulos subsequentes (17 e 18), o caso de um cidadão privado que toma

---

139 *Cf. Discorsi*, livro I, capítulo 16; v. 1, p. 241-242.
140 *Ibid.*, v. 1, p. 242.

nas mãos todo o poder para reordenar uma cidade corrompida e reconduzi-la ao viver livre e republicano. Trata-se de uma empreitada, explica Maquiavel, muito difícil quer pelas raríssimas qualidades que o príncipe deveria ter, quer pela desproporção entre a duração da sua vida e o tempo necessário para restaurar a vida incorrupta, quer no fim das contas pela necessária congruência entre matéria e forma, ou seja, neste caso, entre natureza do corpo político e natureza das "ordens" que lhe são conferidas. Todo esse raciocínio não exclui a possibilidade de que essa empreitada chegue a bom termo, mas limita fortemente a probabilidade do sucesso. Portanto, vai na direção de fazer depender predominantemente da "matéria" dada (povo corrupto, respectivamente não corrupto) o tipo de "forma" possível, considerando as mudanças de matéria difíceis e perigosas.

Como se vê, há duas diferenças entre o caso apresentado no capítulo 16 e o apresentado nos 17 e 18. Com efeito, enquanto no primeiro não se menciona a natureza da "matéria" e se pressupõe um simples processo de consolidação do poder do príncipe; no segundo se faz uma distinção que toma por base a "matéria", e se pressupõe que a tomada do poder tenha explicitamente como alvo restituir a liberdade aos próprios concidadãos. Aquilo que em *O príncipe* era apresentado de modo unitário – a consolidação do poder e a restauração da liberdade como meta final – agora abordado separadamente. E eis a conclusão: sempre que a tomada do poder tiver como alvo algo além da consolidação do próprio poder, passa a ser decisiva a "matéria", ou seja, o caráter "corrupto", ou não, do povo. Aqui, e no capítulo 55, Maquiavel conclui que, usando meios ordinários, só se pode instituir a república onde a matéria não estiver corrompida, quer dizer, onde não haja "desigualdade" (*inequalità*).[141] Com esse termo se entende uma enorme diferença de fortunas entre o povo e os grandes, em particular a assimilação dos grandes aos "gentis-homens", isto é, aos senhores feudais, figuras da sociedade ligadas a grandes posses e, eventualmente, a castelos e súditos próprios,[142] em todo o caso, gravitando fora das muralhas da cidade e do seu círculo de atividades.

Os casos que contrastam com essa regra (a instituição do principado a partir da igualdade e vice-versa) não são impossíveis, mas bastante difíceis ("é matéria para um homem que, por inteligência e autoridade, é raro").[143] Disso resulta uma nítida diferenciação entre principado e república (que se mantêm unidos por via histórica, acidental, como o mostra o caso de Roma, ou por via direta só no caso de uma fundação efetuada sobre uma matéria não corrompida), que põe fim às ambiguidades presentes em O príncipe e possibilita pensar corretamente, inclusive nos pormenores, o que significa "fazer o povo seu amigo".

---

141 "Pois essa corrupção, somada à falta de aptidão para a vida livre, nasce de uma desigualdade que há nessa cidade, quem a quiser reduzir, terá que usar meios grandes e extraordinários" (*ibid.*, livro I, capítulo 17, v. 1, p. 245).
142 *Cf.* IVI, livro I, capítulo 55, v. 1, p. 311.
143 *Ibid.*, v. 1, p. 312.

3. Quando foi escrito o capítulo 26 de *O príncipe*? Aquilo que se disse há pouco (além de vários outros argumentos)[144] leva a pensar que sua redação seja posterior aos *Discursos*. Com efeito, neste, todas as distinções de ordem social (povo como parte e povo como todo) cuidadosamente (e na forma de aporias) desenvolvidas no decorrer do tratado, parecem reduzidas a zero, e Lourenço se perfila *sozinho* (com certeza, mas tendo atrás de si "a ilustre casa"[145] dos Medici) diante dos italianos compreendidos de forma indiferenciada, tendo nas próprias mãos como *única* tarefa libertar a Itália dos estrangeiros. Isso corresponde, na verdade, plenamente ao intuito republicano da obra. Já se disse que o problema de Maquiavel era repensar o republicanismo à luz dos tempos em que vivia, e neles a escala geopolítica sobre a qual era necessário instituir um organismo, a fim de que fosse capaz de ser fonte e garantia de liberdade; era o nacional, ou seja, o de uma potência capaz de confrontar-se militarmente em pé de igualdade com a França, a Espanha e o Império. Maquiavel sabia, em suma, que o "viver civil e livre" só era possível em escala italiana, e que os Medici eram os únicos em condição de tomar nas próprias mãos esse projeto.[146] Mas não se pode desconhecer que o ato de deixar na sombra o tema da liberdade ocorre justamente no capítulo 26, em que o léxico da "redenção" aparece pela primeira

---

144 Expostos por Martelli, *Saggio sul Principe*, cit. p. 283ss.
145 *Il principe*, capítulo 26, v. 1, p. 190-191.
146 *Cf.* MARTELLI, M. *Saggio sul Principe*, cit. p. 287ss.

vez explicitamente em O *príncipe*, e de forma até exuberante. Na verdade, o capítulo se abre com esta frase:

> Tendo, então, considerado tudo aquilo que acima se disse, e pensando comigo mesmo se hoje, na Itália, seria a hora de honrar um novo príncipe, e se haveria matéria que desse ensejo a alguém prudente e corajoso para introduzir aí uma forma que o cobrisse de honra e fizesse bem à totalidade dos seus habitantes [...].[147]

Mas em todo o seu desenvolvimento "o bem de todos os homens", ou seja, o bem de todo o povo, não das oligarquias, fica esmagado na sua precondição – de não serem dominados pelo estrangeiro –, sem fazer referência ao tipo de governo que o "redentor" da Itália deveria realizar para poder conquistar o apoio do povo, o qual, de resto, não aparece a não ser implicitamente enquanto constitui essa "totalidade".

Nessa eliminação pura e simples das aporias teóricas e políticas, que perpassam *O príncipe*, deve-se ver uma tomada de posição posterior, consequente à separação dos conceitos de principado e de república. O príncipe se apresenta diante do povo como conjunto de súditos, e não como "parte" à qual, sobretudo, deve-se recorrer. Mas, na leitura sincrônica de *O príncipe*, ele produz o efeito de uma tentativa extrema de tornar imediatamente *aplicável* o tratado,

---

147 *Il principe*, capítulo 26, v. 1, p. 189.

deixando na sombra (ou, caso se prefira, pondo entre parêntesis) seu ponto mais problemático: a relação entre principado e liberdade republicana.

No entanto, o efeito produzido por essa singular copresença de duas impostações diferentes encerra também um valor teórico e histórico-político relevante, pois desse modo Maquiavel institui uma relação direta entre o príncipe e o povo. Em suma, pede a Lourenço, como observou Felix Gilbert, que entre em ação como se os estados italianos não existissem, "confiando no sentimento das massas"[148] e assim desmantelando radicalmente aquele sistema de poder ao mesmo tempo municipalista e oligárquico, que levara a Itália à catástrofe. O príncipe ao qual Maquiavel se dirige, no capítulo 26, deverá ser, em uma palavra, não um articulador diplomático das ligas entre estados nem tampouco só um conquistador, um "príncipe novo" (como, ao contrário, ele aparecia no resto do tratado), mas um fundador, um legislador que, mesmo não chegando à altura dos grandes "exemplos" de Moisés, Ciro, Teseu e Rômulo,

---

148 *Cf.* GILBERT, F. L'idea di nazionalismo nel Principe, *in*: *Id. Machiavelli e Il suo tempo*, cit. p. 209-222; 219: "O apelo de Maquiavel não se distingue (dos outros apelos a unir a Itália difundidos em sua época), nem pela sua preocupação com a questão em geral, nem pela tentativa de direcionar a política prática para a manutenção da liberdade e da independência italianas, mas por seu conselho para perseguir essa política acima dos estados isolados, confiando no sentimento das massas". Ao contrário, habitualmente se pensava na unidade da Itália na forma de "um esquema de cooperação de todos os Estados entre si", e aos olhos dos "aristocratas que governavam Florença [...] a conexão entre a independência da Itália e aquela de cada Estado como tal representava uma necessidade absoluta" (*ibidem*).

deverá cumprir a mesma tarefa desses. No capítulo 26 temos, em uma palavra, dois movimentos contrastantes: De um lado a redução da tarefa do príncipe à libertação da Itália dos estrangeiros e, do outro, sua assimilação à figura dos grandes legisladores dos quais, porém, anteriormente o "príncipe novo" tinha sido explicitamente diferenciado. Com efeito, enquanto no capítulo 6 o caso típico é o de um príncipe novo, cuja virtude se acha apta – uma vez "exercida" na ocasião – para introduzir uma forma em qualquer matéria,[149] nos capítulos subsequentes, em tendência contrária, é introduzida uma primeira delimitação das potencialidades formativas em relação ao tipo de matéria.[150]

A equiparação do príncipe ao legislador, como se vê no capítulo 26, pode ser explicada à luz dos *Discursos* somente com a definição que ali encontramos da corrupção como equivalente à "desigualdade" e, portanto, pensando que Lourenço, o destinatário da obra, deveria libertar, antes de tudo, a Toscana, caracterizada precisamente – como afirma Maquiavel – por uma "igualdade" que a tornava apta ao "viver livre".[151] Disso resulta uma profunda ambiguidade – Toscana ou Itália? Principado civil

---

149 "E examinando as ações e a vida desses homens, vê-se que eles só tinham a fortuna e a ocasião, a qual lhes deu matéria para que pudessem introduzir nela a forma que se lhes apresentou" (*Il principe*, capítulo 6, v. 1, p. 131).
150 Há, pois, uma distinção entre "legislador" e "príncipe novo". Sobre esse ponto, *cf. infra*, capítulo 3, item 2.
151 *Cf.* a caracterização do "exemplo da Toscana" como terra onde se procura a "liberdade", *in*: *Discorsi*, livro I, capítulo 55, v. 1, p. 312-313.

ou principado absoluto? Príncipe novo ou legislador? E essa ambiguidade fez com que se falasse de um Maquiavel em contínua "oscilação" entre:

> A consciência da necessidade, levando em conta as condições de igualdade em toda a Toscana, da república, e sua esperança que algum tipo de novo príncipe conseguisse criar nas províncias do Estado pontifício um núcleo de poder forte o bastante para possibilitar uma vitoriosa resistência italiana contra os estrangeiros invasores da península.[152]

Muito mais provável é que essa ambiguidade esteja presente na própria natureza do príncipe imaginado por Maquiavel, ambiguidade correlativa àquela que há entre o povo como *parte social* e o povo como *conjunto indiferenciado dos súditos*. As massas, às quais Lourenço se dirige diretamente, são, de modo enfim explícito, tanto uma coisa como a outra simultaneamente. Desse modo, Maquiavel vem a ser o primeiro – como bem observara Antonio Gramsci – a instituir uma política de tipo "jacobino", isto é, uma política na qual uma vanguarda decidida estabelece uma relação orgânica com as massas, visando revolucionar todo o seu modo de viver e pensar, conduzindo-as para o terreno da história e da política.[153] Provavelmente o recurso à linguagem religiosa, muito forte no capítulo 26, enquanto antes se achava quase de

---

152 BARON, *Machiavelli: The republican citizen and the author of The prince*, cit. p. 249
153 *Cf.* a *Introdução* e o capítulo 1

todo ausente, expressa justamente essa exigência, que Maquiavel compreendera perfeitamente, de que um "legislador" agisse, sobretudo – prudentemente as manipulando como Numa Pompílio nos *Discursos* (livro I, capítulo 11) – no mundo terreno das crenças mais difundidas.

Justamente graças às aporias que, atrapalhando seu raciocínio teórico tratadístico, lançam sempre de novo *O príncipe* para o terreno da sua relação com a política e a história, Maquiavel consegue assim antecipar, de modo significativo, essa relação muito estreita entre política e religião, que vai ocupar boa parte da política moderna e com a qual ainda hoje nos deparamos em toda a sua dramaticidade.

III.
Guerra e política entre *O príncipe* e os *Discursos*

O capítulo precedente teve o intuito de pôr em evidência toda uma série de ambiguidades e aporias em O príncipe. Obra escrita com um escopo preciso, o breve tratado de Maquiavel tem o mérito de, justamente pelo condicionamento que sofre por causa da necessidade de intervir na política contemporânea, fazer explodir uma série de contradições internas ao republicanismo oligárquico de Florença, berço natal de Maquiavel e no qual ele se encontra fazendo o próprio aprendizado político. Na Florença das últimas décadas do século XV, a única alternativa popular e democrática à luta entre o regime republicano e a família Medici fora o frade dominicano Jerônimo Savonarola. Esse frade, graças à grande influência que soube conquistar, tornou-se durante cinco anos – de 1494 a 1498 – o líder político, de fato, de Florença. O ano de 1498, quando Savonarola foi condenado à morte e executado, é também o momento em que Maquiavel é designado para servir à república, tornando-se um dos seus funcionários. A presença política ativa do frade, portanto, coincide com um momento decisivo na biografia do Secretário, aquele que precede imediatamente o início da carreira político-diplomática.[154]

---

154 Em 9 de março de 1498, Maquiavel escreve a Ricciardo Becchi uma carta, em que faz referência a dois sermões sobre o *Êxodo*, pronunciados por Savonarola, nos dias 2 e 3 de março, no convento

A irrupção de Savonarola na vida política florentina marcou uma ruptura de enorme importância, comparável, no plano interno, à ruptura externa, marcada pelo início das guerras da Itália contra a primeira invasão francesa em 1494.[155] Sobre essa ruptura, e sobre o modo como é interpretada por Maquiavel, eis o que escreveu um grande crítico, Carlo Dionisotti:

> No monstruoso predomínio desse frade sobre uma cidade e estado como Florença, é necessário reconhecer a ruptura, irreparável, da tradição, e a irrupção de uma crise revolucionária, própria de Florença, que não se pode confundir com a crise italiana, pois sem isso não se explica Maquiavel.[156]

Há, pois, uma crise florentina dentro da crise maior, a italiana. Se o tema dominante da segunda é a guerra como sintoma da fraqueza política dos

---

de São Marcos, do qual era o prior. Essa carta é um documento precioso para se avaliar que imagem Maquiavel tinha de Savonarola àquela altura dos fatos, e constitui um primeiro testemunho (que antecede em poucos meses o início do engajamento político de Maquiavel) do seu método de análise dos acontecimentos políticos e das relações entre política e religião. Sobre essa carta, cf. CHABOT, F. Il segretario fiorentino (1953) in: Id. Scritti su Machiavelli, cit. p. 267-273. GUILLEMAIN, B. Machiavel. L'anthropologie politique. Genebra: Droz, 1977, p. 17-27; BROWN, A. Savonarola, Machiavelli and Moses: a changing model, in: Florence and Italy. Renaissance studies in honour of Nicolai Rubinstein, Peter Denley e Caroline Elam (Ed.). Londres: Committee for Medieval Studies (Westfield College), 1988, p. 57-72; 63-65; SASSO, G. Niccolò Machiavelli. Storia del suo pensiero politico. Bolonha: il Mulino, 1993 (3. ed.). Tomo I, p. 25-39.
155   Cf. BROWN, A. The revolution of 1494 and its aftermath: A reassessment in Italy in crisis, cit. p. 13-40.
156   DIONISOTTI, C. Machiavelli, Cesare Borgia e don Micheletto, cit. p. 3-59; 17.

estados italianos, o tema da primeira, uma crise interna de Florença, é em parte diferente. Sem dúvida, Florença sofre dos mesmos males da Itália: falta-lhe uma perspectiva de futuro, a capacidade de prever a aproximação do mal, e isso depende do pouco ou nulo vigor político, da falta de sabedoria da sua classe dirigente, do enclausuramento municipalista, da ilusão de que o dinheiro ou a atividade diplomática bastaria para garantir a sobrevivência em um mundo turbulento e agressivo.[157]

Mas há outra coisa ainda. A presença política de Savonarola significou, ao mesmo tempo, a reivindicação de uma república popular e democrática contra a oligarquia e os Medici, e a subordinação da política à religião, ou melhor dizendo, a *fusão* de política e religião mediante o uso político de uma série de temáticas religiosas de caráter profético.[158] Nesses termos, a variante popular do republicanismo florentino se achava diante da obrigação de se confrontar, necessariamente, com o tema da religião, fosse qual fosse a maneira de se conceber esta última. Guerra e religião viriam a ser dois termos de confronto da política,

---

157 É o tema das *Parole da dirle sopra la provisione del danaio, facto un poco di proemio et di scusa*: "Não estais vendo vossa fraqueza neste estado nem a variação da fortuna [...]. Não confiais em vós mesmos, não conheceis o tempo que perdeis e que já perdestes" etc. (v. 1, p. 16).
158 Quanto à personalidade de Savonarola, *cf.* GARIN, E. Girolamo Savonarola, *in*: Id. *La cultura filosofica del Rinascimento italiano*. Florença: Sansoni, 1961, p. 183-200. Acerca da relação com Maquiavel, *cf.* WEINSTEIN, D. Machiavelli and Savonarola, *in*: *Studies on Machiavelli*, Myron P. Gilmore (Ed.), p. 251-264; BROWN, A. *Savonarola, Machiavelli and Moses: a changing model*, cit.

sobretudo para uma pessoa que, como Maquiavel, tinha por intuito repensar a política a partir do povo e (como se verá no próximo capítulo) a religião a partir de uma política ligada à perspectiva do povo, não à das classes dominantes.

Trata-se de um percurso árduo. *O príncipe* constitui uma etapa decisiva desse percurso, porque põe a descoberto algumas contradições, e obriga Maquiavel a confrontá-las diretamente. Como se há de ver, no momento que Nicolau, em junho de 1498, assume o posto de secretário da segunda chancelaria da república, a ideia de política com a qual se vê obrigado a se confrontar, é a da imediata sobrevivência: o território de Florença está sob a ameaça de inimigos externos e rebeliões internas. A perspectiva a partir da qual se devem observar as coisas é a da *defesa*, portanto, da guerra. Não faltam, porém, nesse período, precisas referências à necessidade de encarar uma profunda reforma política, como condição para uma nova forma de união entre povo e Estado,[159] mas não podem assumir o primado, quer por existirem tarefas e necessidades mais urgentes, quer porque Maquiavel não tem o poder e a autoridade para impor à classe dirigente florentina o próprio ponto de vista. Em toda uma primeira fase, portanto, ele pensa a política essencialmente como forma de guerra. É apenas com *O príncipe* que esse nexo é posto em discussão, como se verá neste capítulo. E é, por fim, somente com os *Discursos* que Maquiavel conseguirá

---

159 *Cf. infra*, nota 11.

reformular a relação entre política e guerra à luz de um terceiro fator, antes escassamente considerado, a religião, ligando-a, por sua vez, à posição ocupada pelo povo na peculiar "topologia" da política. O quarto capítulo vai ser dedicado a esse nexo entre povo, religião e política.

1. A política como guerra

Vejamos os textos de Maquiavel anteriores ao ano de 1512: *Discurso sobre Pisa* (maio-junho de 1499),[160] *De rebus pistoriensibus* (março de 1502),[161] *Do modo de tratar os povos rebelados do Vale do Chiana* (julho-agosto de 1503),[162] *Providências para a reconquista de Pisa* (março de 1509).[163] Todos esses textos têm como tema as rebeliões das cidades e dos territórios sob domínio florentino, e é fácil constatar que neles predomina o ponto de vista da política exterior e da guerra.[164] A perspectiva adotada está

---

160 Para a datação, *cf.* MARCHAND, J-J. *Niccolò Machiavelli. I primi scritti politici (1499-1512). Nascita di un pensiero e di uno stile*. Pádua: Antenore, 1975, p. 13-16.
161 Para a datação, *cf. ibid.*, p. 45-49.
162 Para a datação, *cf. ibid.*, p. 102-104.
163 Para a datação, *cf. ibid.*, p. 192-195.
164 Na verdade, justamente nessa época é que Maquiavel intui a necessidade, para uma república, de dispor de uma população armada. Mas tal necessidade esbarra constantemente na realidade florentina e italiana, que ele não quer e não pode pôr em discussão. O projeto de estabelecimento da "ordem" será com efeito pensado – de modo contraditório – tomando como base esses equilíbrios preexistentes. *Cf.* SASSO, G. *Niccolò Machiavelli. Storia del suo pensiero politico, cit.* Tomo I, p. 205 e 209-210. Juízo mais generoso é o que se acha em Masiello, Il piano socio-politico della riforma militare e il problema del consenso, *in*: Id. *Classi e stato in Machiavelli, cit.* p. 125-168.

evidentemente na ocasião e nas exigências do cliente, o governo de Florença. Estão em jogo o poder da cidade e as relações de dominação que lhe servem de base. O pressuposto da análise é que existem dominantes e dominados. Jamais se põe em discussão esse fato primordial, e sim a modalidade como se apresenta. Nas *Palavras que devem ser ditas sobre a provisão do dinheiro com um pouco de proêmio e de desculpas* se lê:

> *Não vamos nos enganar neste ponto, vamos examinar bem nossos casos; a começar por dentro: vós vos achareis desarmados, vereis vossos súditos sem fé [...] é razoável que assim seja, porque os seres humanos não podem e não devem ser fieis servos de um senhor incapaz de defendê-los nem os corrigir. Como os corrigistes ou como podeis corrigi-los, bem o sabe Pistoia, Romanha, Barga, lugares que se tornaram ninhos e refúgios de todo o tipo de latrocínios. Como foi que pudestes defendê-los, bem o sabem todos esses lugares que foram assaltados [...]. Nem podeis chamá-los de súditos vossos, mas daqueles que foram os primeiros a assaltá-los.*[165]

A falta de um bom governo (defender + corrigir) provoca a rebelião. Ela surge de um vácuo de poder: quem não sabe defender os próprios súditos, quer fora, quer dentro dos seus limites, não pode mais chamá-los de súditos. A rebelião equivale à quebra do vínculo de servidão, baseado na proteção e nas garantias do direito. Mas esse vácuo não abre um

---
165 *Palavras que devem ser ditas sobre a provisão do dinheiro com um pouco de proêmio e de desculpas*, v. 1, p. 13.

novo espaço político: os súditos florentinos revoltados passam a ser súditos de quem tiver força suficiente para assaltá-los. O *ponto de vista das cidades dominadas* (reconquistar a liberdade graças a um apoio externo) não é aqui levado em consideração por Maquiavel. Com efeito, ele limita o espaço da política ao poder constituído, ao Estado existente. O que pode estar em jogo é só a relação entre Estados, não a relação entre um Estado e seu próprio domínio. Este é um problema de polícia (precisamente defender + corrigir), não de política. Portanto, ele encontra seu terreno de realização fora dos próprios limites, na forma da guerra:

> [...] *Toda cidade, todo estado, deve considerar como inimigos todos aqueles que esperam conquistar e ocupar o seu, e dos quais não tenham como se defender. E nunca houve nem senhor nem república sábia que pretendesse deixar seu estado ao critério de outros ou que, tendo feito isso, estivesse em segurança.*[166]

E pouco mais adiante:

> *Esses senhores, fazendo-se amigos vossos, não poderão atacar-vos [...]; porque entre os homens privados, as leis, os escritos, os pactos fazem com que se observe a fé, mas entre os senhores são apenas as armas que garantem que serão observadas.*[167]

---
166 *Ibidem.*
167 *Ibid.*, v. 1, p. 14.

Fidelidade aos pactos entre privados, fidelidade dos súditos ao "senhor", fidelidade aos tratados entre estados: trata-se de uma única série, na qual o poder armado produz e legitima a força coercitiva da lei. O senhor garante a fidelidade aos pactos dentro do Estado, a fidelidade dos súditos ao Estado e a fidelidade aos pactos com outros estados, só enquanto estiver *sempre* disponível para fazer a guerra.

A política descobre na própria base a guerra como o momento em que desnuda o fundamento indiscutível do Estado, sem o qual a política não é possível. Só depois de construído solidamente e verificado esse alicerce, é que vai ser possível a "amizade" entre estados, que só pode haver entre iguais, e vice-versa. Na falta desse fundamento, todos os outros estados terão de ser "considerados inimigos".

2. A política como inovação

Depois de 1513, vendo-se forçado a sair de cena e ora ocupado na redação do *De principatibus*, no pensamento de Maquiavel se anuncia uma mudança de perspectiva. Quando, com o capítulo 6 de *O príncipe*, Maquiavel põe o tema da fundação dos "principados totalmente novos, e de príncipe e de Estado",[168] introduz uma forte descontinuidade: se antes as "variações" equivaliam ao caos, enquanto eventos que se subtraíam à única lógica possível, a da perpetuação da máquina do Estado (e isso vale

---
168 *Il principe*, capítulo 6, v. 1, p. 130.

também para os capítulos 1 a 5 de *O príncipe*), daqui em diante será justamente a substituição de uma ordem por uma nova ordem o lugar da política, o lugar onde se produz a ordem.[169]

Tal mudança pode acontecer porque Maquiavel faz um movimento teórico em duas partes, dirigindo a própria atenção (A) para os organismos do Estado completamente novos que, além do mais (B) são fundados por um cidadão "privado", que se torna "príncipe",[170] ou seja, por um cidadão que adquire a qualificação de príncipe *junto do* nascimento do próprio principado. Como se vê, a "mutação" não é mais assumida, de forma genérica, como evento que ameaça uma "ordem" dada. Dessa mutação, genericamente entendida, como manifestação da desordem, distingue-se a *inovação*, que é um tipo de mutação cujo alvo tem uma direção precisa, que vai coincidir com um projeto, com a *política como construção de uma nova ordem*.[171]

Agora, como de imediato se vê claramente pelo modo como a questão foi formulada (principado novo de um príncipe novo), o ponto de vista fica completamente desequilibrado no terreno da insegurança, da incerteza. Então, a política passa a ser

---

169 Sobre a "variação", *cf. supra*, capítulo 2, item 5, e nota 106.
170 *Il principe*, capítulo 6, v. 1, p. 131.
171 Dessa posição vale a pena ressaltar a originalidade quase absoluta. Caso se ponha de lado o mundo do milenarismo e o do profetismo religioso, não é fácil encontrar uma consideração positiva da inovação política, tanto na tradição precedente como nos desenvolvimentos subsequentes, ao menos até o século XVIII. *Cf.* VILLARI, R. *Elogio della dissimulazione*, cit. p. 8-9.

aqui o projeto de uma novidade. Em outras palavras, a incerteza deve encontrar algo correspectivo, capaz pelo menos em parte de preencher essa lacuna. Esse elemento correspectivo é a *virtù*. Não é para se surpreender quando se constata que esse conceito aparece em *O príncipe*, antes do capítulo 6, somente duas vezes, no 3 e no 4, em função genérica, e que, porém, a partir do 6 desempenha o papel de insubstituível recordação teórica de toda a argumentação. Com efeito, só quando a política vai ser definida em relação à inovação é que a "virtude" adquire o papel que lhe cabe.

Mas se levarmos em conta o modo como, no texto de *O príncipe*, a partir do capítulo 6, vai se configurar o nexo entre virtude e inovação, constataremos que esse nexo seria impensável, se não lhe acrescentássemos um elemento ulterior: o *povo*. E Maquiavel define o povo, em continuidade entre a realidade da Roma antiga e da Florença moderna, de um ponto de vista sociológico como plebe e, respectivamente, artesãos,[172] de um ponto de vista político como o conjunto daqueles que não querem ser oprimidos nem comandados pelos grandes (*O príncipe*, capítulo 9) como volúvel *multidão* (*hoi polloi*, em Políbio), ou seja, como "parte" caracterizada pelo fato de não ter poder nem riquezas, mas de ser a maioria. Se, com efeito, a política é um projeto inovador, a inovação será definida em relação à solidez que for capaz de

---

172 Sobre o conteúdo social do projeto do principado novo, *cf.* MASIELLO, V. *Classi e stato in Machiavelli*, cit. p. 125-168.

conferir à nova edificação. E essa solidez dependerá do modo como o príncipe conseguir envolver o povo nessa empreitada.

Entre os capítulos 6 e 7 ocorre uma progressiva elucidação desse vínculo entre inovação e consenso, e a virtude aparece cada vez mais claramente como *relação entre príncipe e povo*, mais que um carisma pessoal do príncipe. Com efeito, passando dos grandes fundadores de estados e legisladores da Antiguidade (Rômulo, Moisés, Ciro e Teseu), figuras míticas e ligadas à esfera do divino, aos príncipes novos, inteiramente humanos (Hierão de Siracusa, Francisco Sforza), mas que puderam, todavia, valer-se de virtude e armas próprias, a César Bórgia – que se torna príncipe graças à fortuna e às armas de outros –, temos uma progressiva entrada em cena do caráter perigoso da inovação (dado que o príncipe novo surge sempre menos ligado a uma forma qualquer de poder inicial à sua disposição, que lhe dê apoio) e, portanto, da necessidade de ganhar o apoio do povo. De modo paradoxal, é precisamente com César Bórgia, levado ao principado pelo pai, Alexandre VI (fortuna) e pelas tropas francesas (de outros), que há maior necessidade da virtude, pois o príncipe se acha mais sozinho, e que o conceito de virtude emerge na sua pureza como busca do apoio do povo ao novo principado.[173]

---

173 Desse modo, a meu ver, fica complicada a distinção entre o legislador do capítulo 6 e o príncipe novo do 7, evidenciada e frisada por POCOCK, J. G. A. *Il momento machiavelliano. Il pensiero politico fiorentino e la tradizione repubblicana anglosassone* (1975), Tomo I. *Il pensiero politico fiorentino*, tradução italiana de Alfonso

3. A margem violenta

Existe, por conseguinte, uma relação estrutural entre política, inovação e liberdade. Mas uma vez atingido este ponto firme, Maquiavel volta a considerar o universo da guerra de acordo com um ponto de vista redefinido a partir daquele ponto. Assim, no capítulo 14, afirma que o príncipe não deve "ter outro objetivo nem outro pensamento nem se dedicar a nenhuma arte fora da guerra e das ordens e disciplina da guerra",[174] mas depois especifica o que entende por "guerra". Trata-se, para ele, de uma série de atividades e habilidades que põem o príncipe em relação com o próprio povo. Acima de tudo, o exercício da guerra é a capacidade de ter com o exército um papel efetivo de liderança e comando, pela conquista da admiração e do respeito dos soldados[175] (e Maquiavel recomenda ao príncipe, nos capítulos 12-14, que deixe de lado as tropas mercenárias e que se municie com "armas próprias": outra vez a relação com o povo). Em segundo lugar, exercitar-se para a guerra quer dizer "ler as histórias",[176] porque o príncipe só conquista o poder militar imitando os grandes homens da Antiguidade. Desse modo ele

---

Prandi. Bolonha: Il Mulino, 1980, p. 341, 348, 350, 350, 357-8, e de modo mais amplo, *in: Id.* Custom and grace, form and matter: an approach to Machiavelli's concepto of innovation, *in: Machiavelli and the nature of political thought*, Martin Fleischer (Ed.). Nova York: Atheneum, 1972, p. 153-174.
174 *Il principe*, capítulo 14, v. 1, p. 157.
175 *Ibidem*.
176 *Ibid.*, v. 1, p. 158.

alcançará o "louvor" e a "glória"[177] que aqueles souberam merecer, conquistando também nesse caso o consenso popular às próprias iniciativas.[178]

Nesse processo de redefinição da guerra a partir da política, o capítulo 10 desempenha papel fundamental. O capítulo se intitula *Como se devem considerar as forças de todos os principados*. Aqui o olhar de novo focaliza o modo como os principados se defrontam no plano internacional. Mas seu poder respectivo é agora avaliado segundo a vitalidade política, dependente por sua vez da relação entre o príncipe e o povo:

> Todo aquele que tiver sua terra bem fortificada, e no confronto com os outros governos, houver conduzido bem os súditos como acima se disse, e depois ainda se dirá, só com grande respeito vai ser atacado, porque os homens odeiam empreitadas em que vejam dificuldade: tampouco se pode ver facilidade atacando quem tiver sua terra corajosa [isto é, bem armada] e não for odiado pelo povo.[179]

E aqui, de modo bem surpreendente, são aduzidos como exemplos, não principados, mas *repúblicas*: aquelas "cidades da Alemanha", cidades "libérrimas" e que por isso "não temem nem aquele

---

177 *Ibidem*.
178 Sobre a combinação de virtude, glória e guerra, em Maquiavel, e sobre o caráter paradigmático do bloco de capítulos 12-13-14 de *O príncipe*, cf. as observações de GALLI, C. Guerra e política: modelli d'interpretazione, in: *Ragion Pratica* VIII (2000), n. 14, p. 163-195; 170-171.
179 *Il principe*, capítulo 10, v. 1, p. 146.

[o imperador ao qual devem formalmente submissão] nem tampouco qualquer outro poderoso que tenham ao redor".[180] Trata-se de uma incongruência muito importante, pois evidencia o fato de que, diante de um principado, mesmo que muito sólido, uma república bem ordenada é, no entanto, bem mais sólida. Em outras palavras, a referência às cidades livres da Alemanha, no capítulo dedicado às "forças" dos principados, aponta implicitamente o objetivo para o qual deve tender a busca do consenso popular pelo príncipe: deve ele, então, instituir aquela solidez cívica, aquele amor à pátria, aquele senso do "público" que só uma república formada, não por súditos, e sim por cidadãos livres, pode possuir.

Só nos *Discursos* é que essa aporia vai ser superada. No capítulo 58 do primeiro livro se lê o seguinte: "se os príncipes são superiores aos povos no estabelecer leis, formar vidas cívicas, ordenar novos estatutos e ordens", por outra parte, "os povos são ainda superiores quando se trata de manter as coisas em ordem".[181] Isso se deve ao fato, como diz o título do capítulo, de que "*a multidão é mais sábia e mais constante do que um príncipe*".[182] Em suma, o único modo para que uma república corrompida seja reformada é encontrar um cidadão privado que queira tornar-se príncipe no

---
180 *Ibidem.*
181 *Discorsi*, livro I, capítulo 58, v. 1, p. 319.
182 *Ibid.*, v. 1, p. 315. Acerca deste ponto, *cf.* ALTHUSSER, L. *Machiavelli e noi* (1971-1976), tradução italiana de Maria Teresa Ricci. Roma: Manifestolibri, 1999, p. 109.

intuito de refundá-la.[183] E reciprocamente, o único modo de um principado novo conseguir se manter depois do fim da vida do seu fundador, é se tornar (como se dá em Roma, após a série dos reis) uma república. Este – e não certamente o de Políbio – é o "círculo" dos regimes políticos de acordo com Maquiavel, círculo que depende do limite intrínseco e insuperável do poder monárquico. Portanto, limitado por sua fragilidade. Com efeito, a benevolência popular para com o príncipe tem limites, limites precisos, dados pela sua condição de súditos. Como observado no capítulo precedente, por mais que se possa alcançar entre o príncipe e o povo uma aliança, ela jamais poderá ser completa, porque nesse caso o príncipe não seria já soberano, e o povo, por sua vez, deixaria de ser súdito. Permanece uma certa margem de violência, impossível de se eliminar, e essa margem é precisamente a fraqueza do principado em cotejo com a república.[184]

---

183 Tema de *Discorsi*, livro I, capítulo 18.
184 Maquiavel leva em conta, sem dúvida, o poder monárquico, especialmente o francês, como modelo de estabilidade (*cf. infra*, capítulo 4, item 4). Mas esse era o cenário europeu, não o objetivo que os escritos de Maquiavel, especialmente os *Discursos*, pretendiam ajudar a alcançar. Fora isso, no entanto, Maquiavel mostra amplamente que não crê que as forças dos estados se possam medir tomando como base a quantidade de homens que poderão mobilizar para a guerra e, pois, segundo a extensão dos territórios, e assim uma república não teria chance alguma contra um grande reino. O que conta de fato é o vínculo entre vida política e estratégia militar, como o mostra o caso da Confederação Helvética (*cf.* WICHT, B. *L'idée de milice et le modèle suisse dans la pensée de Machiavel*. Friburgo: L'Age d'Homme, 1995).

4. Liberdade e violência

Vamos tomar o capítulo 10 do segundo livro dos *Discursos*, intitulado "O dinheiro não é o nervo da guerra, como diz a opinião comum":

> *Dado que cada um pode começar uma guerra quando decidir, mas não a terminar, deve um príncipe, antes de se lançar a uma empreitada dessas, medir as próprias forças e se governar por elas. Mas deve ter tanta prudência que não se engane quanto a elas; e se enganará sempre que as medir ou pelo dinheiro ou pelo tamanho do território ou pela boa vontade dos homens, sem ter, por outro lado, armas próprias. Pois as coisas mencionadas aumentam bem suas forças, mas não para o seu bem, mas em si mesmas de nada valem, e não se aproveitam para nada, sem os exércitos fiéis. Porque o dinheiro não é o bastante, sem as armas; não adianta a força do país; e a fidelidade e a boa vontade dos homens não duram. Eles não serão fiéis, caso não possa defendê-los.*[185]

O segundo livro dos *Discursos* é dedicado "ao aumento do império" romano,[186] quando ele se volta ao exterior. Retorna também a terminologia das obras anteriores a *O príncipe* ("não serão fiéis, caso não possa defendê-los"). Com efeito, o consenso popular não pode aumentar o poder dado pelo fato de o príncipe possuir "armas próprias", mas sem poder substituí-las, e isso em si não adianta "nada". Na redefinição da

---
185 *Discorsi*, livro II, capítulo 10, v. 1, p. 350-351.
186 *Ibid.*, livro II [Prefácio], v. 1, p. 327.

guerra a partir da política há um limite, que consiste na diferença entre "armas próprias" e a boa vontade popular: as armas do príncipe são sempre distintas da relação com o povo, o elemento militar (*tecnicamente* militar) continua sendo decisivo em confronto com o político.

Mas esse limite diz respeito (e aqui se acha a novidade em confronto com o pensamento anterior) *somente o principado*. Porque, aqui, as "armas próprias" não são nunca totalmente assimiláveis ao povo, pois se a identificação fosse total, teríamos uma república democrática e popular (oposta à república oligárquica), como são as cidades livres alemãs ou as cidades da confederação suíça, ou como foi em certo período e em certo sentido (ao menos como tendência, segundo a exposição que Maquiavel faz da sua história), a Roma republicana.[187] Na relação entre príncipe e povo deverá sempre subsistir uma margem de violência, dada pela existência de tropas fiéis, pessoalmente, ao príncipe ("próprias" neste sentido) e dispostas a se voltarem contra o próprio povo, caso necessário.[188] E vice-versa, define-se uma república bem ordenada pela *coincidência* (certamente nunca perfeita, mas presente como tendência, trama

---

187 Não me parecem decisivas as objeções de Piero Pieri (*Guerra e política negli scrittori italiani*. Milão-Nápoles: Ricciardi 1955, p. 22-25) a Maquiavel, a propósito do sistema de recrutamento na Roma republicana: a observação segundo a qual "Roma não teria conquistado o mundo a não ser com um exército de profissionais totalmente nas mãos dos chefes" (*ibid*, p. 24) é de resto por ele modelada pelo modo como o Secretário lê a passagem da república para o império (*prorogatio imperii in*: *Discorsi*, livro III, capítulo 24 etc.).
188 *Cf.* o capítulo anterior, p. 88.

profunda e sempre evocável) de povo e exército.[189] nesse lugar, segundo Maquiavel, a lógica da guerra é *completamente* absorvida na lógica da política, até a sua geração. Como acontece nos *Discursos*, segundo livro, capítulo 2, no qual Maquiavel contrapõe a expansão militar de uma república à de um principado. Enquanto no primeiro caso a expansão ocorre tendo por base o "bem comum", visto como alvo; no segundo caso, "na maioria das vezes, aquilo que faz para ele (o príncipe), ofende a cidade, e aquilo que faz para a cidade, ofende a ele".[190] Obviamente, aqui o termo "comum" se refere ao espaço interno como distinto do exterior, e a guerra de expansão é em

---

189 No extremo oposto relativo à república se situa evidentemente o império romano, em que o exército profissionalizado alcançou um grau de autonomia tal do corpo político, a ponto de ser, ele mesmo, ator político: aqui o exército não só não coincide com o povo, *mas nem toma o lugar dele* (*in*: *Il principe*, capítulo 19, escreve Maquiavel que é a "totalidade" (*università*) mais poderosa). Acerca desse caso, *cf.* BONADEO, A. Machiavelli on war and conquest, *in*: Il *pensiero politico*, VII (1974), n. 3, p. 334-361; 351; que, no entanto, aborda esse ponto superficialmente, e o confunde (*ibid.*, p. 352-353) com o problema das milícias mercenárias no Renascimento. Quanto ao conceito de "università", *cf. Vocabolario degli accademici della Crusca*, cit. *sub voce*, p. 949A: "A municipalidade, todo o povo de uma Cidade". Em Maquiavel o termo indica um grupo tão amplo que se torna decisivo no plano político. Tal é o exército romano na época do Império, mas este grupo normalmente é o povo. *Cf.* LAZZERI, C. La guerre intérieure et le gouvernement du prince chez Machiavel, *in*: *Archives de Philosophie* LVII (1999), n. 2, 241-254; 247-251.
190 *Discorsi*, livro II, capítulo 2, v. 1, p. 331. *Cf.* sobre este ponto, BONADEO, *Machiavelli on war and conquest*, cit. p. 347, e p. 348-351, no qual se mostra como esse esquema está operando nas *Istorie fiorentine*, em que as guerras da Florença remontariam à ânsia de enriquecimento dos grandes ou mesmo lidas como instrumento destes sabiamente usado para enfraquecer a parte popular: em ambos os casos a origem última está na deficiência originária da "liberdade" de Florença.

todo caso a instituição de uma relação de subordinação que, evidentemente, põe à vista uma nova instância de fragilidade do poder, uma nova margem de *violência*. Mas essa margem não pode ser reduzida aos termos anteriores a 1512. Se não se pode pensar a política totalmente a partir da guerra – portanto a subordinação de uma parte à outra – como se explicaria o fato de que a guerra *existe*, e que ela *subverte* a vitalidade interna de uma república livre na sua capacidade de dominar o espaço externo?

5. Guerra, vida e poder

Para essa pergunta Maquiavel apresentou (por alusões) duas respostas diferentes, e ambas seguem na direção de relativizar (não, porém, de anular) a dicotomia interno/externo. Em primeiro lugar, ele recorda o modo como os romanos atuaram no processo de expansão: "aumentaram a população da própria cidade" e se tornaram "companheiros e não súditos",[191] estabelecendo então uma relação aberta com o exterior, integrando os estrangeiros[192] e concedendo direitos às cidades submetidas. Nesse tipo de permeabilidade não existe a negação da lógica do poder (tomando como sócios os latinos, Roma

---
191 *Discorsi*, livro II, capítulo 19, v. 1, p. 378.
192 *Cf.* sobretudo, *Discorsi*, livro II, capítulo 3, v. 1, p. 336-337, com o título *Roma divenne gran città rovinando le città circonvicine e ricevendo i forestieri facilmente a' suoi onori*. Acerca deste ponto, *cf.* POCOCK, J. *Il momento machiavelliano*, cit. Tomo I, p. 407-409.

de fato os fez, com o tempo, servos seus),[193] mas a capacidade de traduzir o "bem comum" interno *em uma forma correspondente, dentro do espaço da guerra*: em uma atitude que não se reduz a uma simples rapina.

Essa capacidade de traduzir o interno para o externo, por sua vez, não é um condicionamento moralista da lógica do poder, pode ser, quando muito, até um reforço para ele, se é verdade que a estabilidade do poder reside, como se viu, na sua capacidade de anular o domínio vertical. Essa capacidade é um índice da sabedoria e prudência da república romana, por sua vez, impensáveis sem o concurso de todas as "partes" para lhe dar "vida".

A segunda resposta é mais originária, ultrapassa o destino de Roma e faz referência a todas as repúblicas, em todos os tempos. Enuncia-se a resposta em dois capítulos especulares dos *Discursos*, escritos respectivamente na concepção da política interna (livro I, capítulo 6) e na da política exterior (livro II, capítulo 19, em que se acha uma remissão ao livro I, capítulo 6). O que se depreende do raciocínio de Maquiavel é o caráter de todo *excepcional* da ausência de guerras de expansão. Essa ausência pode se originar de causas diversas, mas sempre está ligada a uma completa incomunicabilidade entre externo e interno e ao caráter homogêneo do interno (a ausência de conflitos está ligada à impermeabilidade dos conflitos). Esparta, Veneza[194] e

---

193 *Cf. Discorsi*, livro II, capítulos 4 e 13.
194 Sobre a oposição de Esparta e Veneza a Roma, *cf.* BERNS, T. *Violence de la loi à la Renaissance. L'originaire du politique chez Machiavel et Montaigne*. Paris: Éditions Kimé, 2000, p. 89-93.

as cidades livres alemãs estão vivendo ou têm vivido em paz gozando de liberdade, porque se recusaram a abrir-se ao exterior, ou isso lhes foi impedido por circunstâncias históricas e naturais. A liberdade dessas cidades é resultante do bloqueio ao qual se obrigaram, tanto que, quando Esparta e Veneza pretenderam quebrá-lo, acabaram derrotadas, "porque essas conquistas, tendo por base uma república fraca, acabam levando à sua ruína".[195] A pequena liberdade ("pequeno domínio")[196] dessas repúblicas é condição prévia de uma vida longa, porém atrofiada (e vida atrofiada, para Maquiavel, é propriamente não vida). Mas sobretudo esse caso não se pode generalizar:

> Mas como todas as coisas humanas estão em movimento, e como não podem estar paradas, convém subirem ou descerem; e a muitas coisas a que a razão não te induz, é a necessidade que te induz [...]. Portanto, não sendo possível, como creio eu, equilibrar isso [...], faz-se necessário, no ordenar a república, pensar nas partes mais honrosas, e ordená-las para que, mesmo que a necessidade levasse a ampliá-las, elas pudessem conservar o que haviam ocupado. E [...] creio ser necessário seguir a ordem romana, e não a das outras repúblicas, pois não creio que se possa encontrar uma via média entre um e outro, e as inimizades que vierem a surgir entre o povo e o senado, tolerá-las, tomando-as por um inconveniente necessário para chegar à grandeza romana.[197]

---

195 *Discorsi*, livro I, capítulo 6, v. 1, p. 215.
196 *Cf. ibid.*, livro II, capítulo 19, v. 1, p. 379.
197 *Ibid.*, livro I, v. 1, p. 216-217.

Ampliar não é uma opção, mas uma *necessidade*. Exatamente como, antes de 1512, a existência de uma relação de domínio, agora para Maquiavel é indiscutível a necessidade, para qualquer república, de se projetar para o exterior. Aquilo que se pode escolher não é o *se*, e sim o *como*. E aqui Maquiavel sugere que se tomem como referência os Romanos (remetendo à primeira resposta). A guerra é inevitável, não porque nela se acha a verdadeira expressão de uma política entendida como delimitação dos confins, mas pela razão oposta, pois as fronteiras não podem nunca ser completa e definitivamente delimitadas. No momento em que há uma fronteira, ela é ultrapassada em ambas as direções e com todas as modalidades possíveis, do visitante ao inimigo.[198]

Analogamente, a pretensão de eternidade estável da relação de domínio (sempre existirão dominantes e dominados) deu lugar à *eternidade do movimento*. Maquiavel não se pergunta (caso se faça abstração de alguns traços residuais) como é possível fundar ou como se deve organizar um Estado, a fim de que possa durar *graças à sua imutabilidade*. Todo e qualquer Estado se acha destinado a mudar e a perecer um dia: isso está na ordem das coisas.[199] Lucrécio ensina Maquiavel que a eternidade não pertence aos seres compostos. Sem dúvida, pode-se resistir à mudança, negá-la, iludir-se acerca da fundação de um império

---
198 *Cf.* GALLI, C. Cittadino/straniero/ospite, *in*: *Filosofia e Teologia* XII (1998), n. 2, p. 223-243.
199 *Cf.* BERNS, T. *Violence de la loi à La Renaissance*, cit.

milenar: o resultado é uma "pequena liberdade", uma vida sequestrada, vida que, para recusar a morte, nega também a si mesma (ou, pior, é o delírio da tirania, o regime mais frágil e efêmero que se possa imaginar). Aceitar a morte significa compreender, *política e coletivamente*, que a guerra não interrompe os limites, e sim os abre, é figura da copertinência recíproca dos corpos compostos: imagem do seu destino mortal: "sic aliud ex alio numquam desistet oririvitaque mancipio nulli datur, omnibus usu".[200]

Nos *Discursos*, a questão já não é, portanto, *se* é necessário que haja guerra, visto existir política, mas *como* é que a guerra deve (não no sentido de obrigação moral, mas de necessidade ontológica) ser levada a termo, a fim de refletir, não o delírio de autossuficiência e de uma identidade fechada, mas a "abertura revolucionária" da *mors immortalis* (*De rerum natura* III, p. 809) que, como sabia Marx,[201] é um sinônimo da *historicidade de todas as coisas*. Mas isso, imediatamente, remete à política, ao espaço interior. A historicidade (ou seja, o conflito como sinônimo de vida-morte) atravessa ambos os espaços, interior e exterior, do mesmo modo. Assim se desestabilizam suas respectivas "identidades", mostrando afinal como ambas são a resultante de uma arbitrária delimitação. A projeção para o exterior, a expansão mediante a guerra, não é, portanto, a afirmação de uma identidade, mas, ao contrário, sua

---

200 LUCRÉCIO, *De rerum natura*, III, 970-971.
201 *Cf.* MARX, K. *Das Elend der Philosophie*, *in*: MARX, K.; ENGELS, F. *Werke*, v. 4. Berlim: Dietz, 1972, p. 130.

dissolução. O que permanece idêntico, são apenas os elementos simples e (aqui, no entanto, o discurso se tornaria muito longo) e a "mistura" como forma superior e paradoxalmente estável da identidade.[202]

---

202 Cf. FROSINI, F. *Vita, tempo e linguaggio (1508-1510)*. L Lettura Vinciana – 17 de abril de 2010. Florença: Giunti, 2011.

IV.
A perda da liberdade nos *Discursos sobre a primeira década de Tito Lívio*

No prefácio do primeiro livro dos *Discursos* Maquiavel justifica a própria aspiração a dar vida nova às lições de Tito Lívio. Para dar nome a essa dinâmica que, tomando um "caso", o eleva, mediante uma série de comparações, a um novo significado, Maquiavel usa o termo "discorrer" os exemplos, a fim de que se tornem significativos.[203] O "discurso" vem a ser um trabalho de *recomposição crítica* da "história" (portanto, da própria realidade) em um tecido mais amplo, estruturado em experiências comparáveis. O exemplo não é, por conseguinte, um modelo completo e fechado, que se deva imitar servilmente, como se se tratasse de "copiar" um objeto artístico. Ele não tem em si o verdadeiro "significado" próprio, mas ganha sentido no momento em que o exemplo é posto ao lado de outros "casos". Olhando deste ponto de vista, subsiste uma diferença entre *O príncipe* e os *Discursos*. Em *O príncipe* Maquiavel tem como intuito pôr à disposição uma "prudência" já aparelhada para os "casos" fundamentais da vida de um principado novo, tendo em vista que "para o leitor não perito não é fácil ver o processo pelo qual se chegou aos juízos, não é fácil aprender por

---

[203] *Cf.* PINCIN, C. *Osservazioni sul modo di procedere di Machiavelli nei Discorsi*, in: *Renaissance studies in honor of Hans Baron*, Antony Molho e John A. Tedeschi (Ed.). Florença: Sansoni, 1971, p. 385-408; 399-403.

conta própria semelhante trabalho".[204] Em vez disso, nos *Discursos* seu objetivo é precisamente tornar aquele processo o mais *visível* possível, ensinando a fazer por conta própria a tarefa de recomposição significativa das "histórias".[205]

Levando em conta essa diferença entre *O príncipe* e os *Discursos*, pode-se dizer: a segunda obra é, não só pelo tamanho, bem mais ambiciosa que a primeira. Ela, de fato, não se limita a considerar o principado novo, mas examina a vida política em *todas* as suas manifestações e, como se disse, não tem por alvo transmitir o resultado da capacidade de "discorrer" a política, mas essa mesma capacidade. Por essa razão, o auditório dos *Discursos* não é constituído pelos príncipes, tampouco só pelos "prudentes" que animaram os diálogos travados no Palácio Rucellai, dos quais esta obra de Maquiavel teve origem material. A ligação dos *Discursos* com o período e com o ambiente dos Orti Oricellari

> *não significa que a meta perseguida teria sido, mesmo que a longo prazo, a educação de uma elite, tendo subentendida a esperança de um resultado republicano. Nos* Discursos, *na forma como chegaram até nós, e que, todavia, parecem – como toda a obra de Maquiavel – escritos para mudar o mundo, a perspectiva está muito mais distante.*[206]

---

204 *Ibid.*, p. 399.
205 *Cf.* PINCIN, C. Le prefazioni e la dedicatoria dei Discorsi di Machiavelli, *in*: *Giornale storico della letteratura italiana* CXLIII (1966), p. 72-83; 77-78.
206 *Ibid.*, p. 82-83.

Correndo o risco de anacronismo, será necessário dizer que os *Discursos têm como alvo o povo e estão escritos do ponto de vista do povo.*

1. História, religião e política

Em que é que consiste o trabalho de recomposição significativa das estórias, e para onde leva? Para responder a isso, Maquiavel se serve acima de tudo da comparação da política com a imitação artística. Pode-se ler, no prefácio do primeiro livro dos *Discursos* que, de modo geral, quem admira a arte da "Antiguidade" procurando e colecionando seus fragmentos ("um fragmento de uma estátua antiga"),[207] pretende "honrar sua casa e conseguir que outros, que também se alegram com essas obras, imitem-no e como aqueles que depois, com toda a indústria se esforçam em todas as suas obras para o representar"[208]. Ao contrário, porém, a *imitação* não é praticada quando se trata das

> *virtuosíssimas operações que as histórias nos mostram, que foram realizadas por reinos e repúblicas antigas, pelos reis, capitães, cidadãos, legisladores, e outros que se fatigaram pela pátria.*[209]

No caso das ações dos antigos reinos e das antigas repúblicas, Maquiavel observa que são "mais rapidamente admiradas que imitadas".[210]

---
207 *Discorsi*, livro I [Prefácio], v. 1, p. 197.
208 *Ibidem*.
209 *Ibid.*, v. 1, p. 197-198.
210 *Ibid.*, v. 1, p. 198.

A comparação com a arqueologia é um *insight* importante. Maquiavel vive no período que vem logo após a primeira grande época arqueológica romana, que se desencadeou no século XV, sob a liderança de Leon Battista Alberti.[211] Justamente nos anos em que ele escreve essas páginas, Rafael Sanzio, em Roma, por ordem de Leão X, está confeccionando um mapa topográfico da urbe imperial,[212] que tinha a ambição de restaurar, com a evidência de uma imagem, os pormenores daquela que todos sabiam ser uma enorme cidade sepultada debaixo dos edifícios da Roma renascentista. Assim, inclusive com o apoio dos detentores do poder, a grandiosidade de um passado, agora desconhecido, voltava a emergir do subsolo.

Maquiavel introduz, em seguida, outra comparação, com a jurisprudência e a medicina. Com esta diferença: para essas duas disciplinas, para as quais é documentável uma continuidade na transmissão dos textos:

> As leis civis outra coisa não são a não ser sentenças baixadas pelos antigos jurisconsultos, as quais, reduzidas em ordem, ensinam os nossos presentes jurisconsultos a julgar. Mesmo a medicina, outra coisa não é senão (a resultante das) experiências

---

211 *Cf.* BECATTI, G. Leon Battista Alberti e L'antico, *in*: *Convegno Internazionale indetto nel V Centenario di Leon Battista Alberti.* Roma, Mantova, Florença, 25-29 de abril de 1972. Roma: Accademia Nazionale dei Lincei, 1974, p. 55-72; BORSI, S. *Leon Battista Alberti e l'antichità romana.* Florença: Polistampa, 2004.

212 *Cf.* TEODORO, F. P. Di. *Raffaello, Baldassar Castiglione e la lettera a Leone X, con l'aggiunta di due saggi raffaelleschi.* San Giorgio di Piano: Minerva, 2003 (2. ed.).

feitas pelos antigos médicos, sobre as quais os médicos de hoje fundamentam seus diagnósticos.[213]

Os testemunhos artísticos e as obras dos escritores antigos se perderam quase totalmente. Mas enquanto a arte é redescoberta graças aos novos interesses arqueológicos, e imitada, e por isso renasce, em um certo sentido, o mesmo não se pode afirmar quanto à política, cuja base documental foi ao menos em parte restaurada pelos humanistas:

> *Não obstante, quando se trata de ordenar as repúblicas, manter os estados, governar os reinos, organizar a milícia e administrar a guerra, julgar os súditos, dilatar o império, não se acha nem príncipe nem república que recorra aos exemplos dos antigos. Ao contrário, as empreitadas e as ações dos antigos são de tal modo por todos esquecidas que daquela antiga virtude não ficou nem sinal. E eu creio que isso vem não tanto da fraqueza à qual a presente religião levou o mundo, ou daquele mal que fez a muitas províncias e cidades cristãs um ambicioso ócio, quanto do fato de não ter verdadeiro conhecimento dos fatos históricos, para deles não tirar, ao ler essas histórias, seu sentido, nem experimentar, assim, o sabor que contêm.*[214]

Observe-se esta distinção entre os efeitos do cristianismo e a falta de compreensão dos fatos históricos. Maquiavel não nega que a fraqueza e a corrupção – efeitos do cristianismo – podem estar entre

---
213 *Discorsi*, livro [Prefácio], v. 1, p. 198.
214 *Ibidem*.

as causas que impedem o renascimento da antiga virtude. Aliás, nos *Discursos*, por diversas vezes retorna à reflexão a respeito da relação entre "a presente religião" – ou, como escreve com terminologia mais compreensiva, na segunda redação desse prefácio, "a presente educação"[215] – e o mundo moderno: "a diferença entre nossa educação e a antiga, baseada na diferença entre a nossa religião e a antiga", teve o efeito de "enfraquecer o mundo e torná-lo presa fácil dos homens criminosos".[216] Mais ainda, os cristãos pretenderam aniquilar não só a teologia antiga, mas jogaram na fogueira "as obras dos poetas e dos historiadores", como "as imagens", na tentativa de cancelar completamente o patrimônio artístico e literário dos pagãos.[217]

A religião contribui, em suma, vigorosamente, de muitos modos, para sublinhar a ruptura e a impossibilidade da imitação,[218] mas de acordo com Maquiavel,

---

215 As duas redações estão publicadas em MACHIAVELLI, N. *Discorsi sopra la prima deca di Tito Livio*, Giorgio Inglese (Ed.). Milão: Rizzoli, 1984, p. 56 e 60. *Cf.* um estudo das variantes, *in*: PINCIN, C. *Le prefazioni e la dedicatoria dei Discorsi di Machiavelli*, *cit.* p. 72-75.
216 *Discorsi*, livro II, capítulo 2, v. 1, p. 333-334. A mesma tese, mas formulada com menos ênfase, e de forma menos problemática, por evidentes razões prudenciais, na publicação da obra *Dell'arte della guerra*, livro II, v. 1, p. 586-587.
217 *Ibid.*, livro II, capítulo 5, v. 1, p. 342.
218 *Cf.* também o caso que se discute no capítulo 27 do terceiro livro dedicado à questão "como se deve unir uma cidade dividida" (há também uma explícita remissão ao prefácio do primeiro livro: "E esses são erros de que falei no início"), no qual se observa que "os príncipes da nossa época, a quem cabe julgar as coisas grandes", cometem uma série de erros, que os levam a considerar "os juízos antigos parte desumanos, parte impossíveis", e isso é causado pela débil educação recebida e pelo "escasso conhecimento das coisas" (*ibid.*, livro III, capítulo 27, v. 1, p. 487).

não é a causa decisiva disso. Se é verdade que os *Discursos* foram redigidos "para convencer os homens de que podem agir, se quiserem, podem mudar o mundo como os personagens das histórias",[219] a premissa dessa obra de convencimento deve ser a substancial identidade, malgrado "as diferentes educações", do mundo em todas as suas épocas possíveis. Ainda que as "memórias" da precedente civilização tivessem sido completamente apagadas,[220] isso não impediria que os mesmos "casos" se apresentassem de novo.

Naturalmente a presença de um traço de memória escrita facilitará enormemente essa representação: o comentário a Tito Lívio deve servir para esse objetivo,[221] mas ele seria ineficaz (eis o ponto!), se o leitor dos *Discursos* não ficasse convencido de que é possível essa representação, e não lesse, em suma, as histórias não como se lê uma fábula, mas como se lê um livro de política:

> *Vem daí que muitos que os leem se comprazem ouvindo essa variedade dos acidentes neles contidos, sem pensar aliás em imitá-los, julgando a imitação não só difícil, mas impossível: como se*

---

219 PINCIN, C. *Le prefazioni e la dedicatoria dei Discorsi di Machiavelli*, cit. p. 77.
220 Como se observa em *Discorsi*, segundo livro, capítulo 5, intitulado *A memória dos acontecimentos é apagada por novas línguas e religiões, bem como pelos desastres causados por inundações ou pestes*.
221 "Querendo, portanto, libertar os homens desse erro, julguei necessário escrever, sobre todos esses livros de Tito Lívio que não nos foram interceptados pela maldade dos tempos" (*ibid.*, livro I, Prefácio, v. 1, p. 198).

> *o céu, o sol, os elementos e os homens houvessem variado no movimento, na ordem e na potência, ficando diferentes do que eram antigamente.*²²²

Como se: este é o terreno da "educação", ou daquilo que imprime uma modificação à eterna dinâmica do mundo cósmico, físico e humano. É possível dizer, em certo sentido, que o movimento dos astros, a ordem dos elementos e o poder dos homens são um eterno presente, ao passo que as relações de passado e futuro são estabelecidas pelos acidentes concretos. Os primeiros continuam sendo idênticos, mas sem cessar são "modificados" pelas circunstâncias: declinações dos astros, conjunções dos planetas, marés, modificações da terra, e, enfim (aquilo que importa do ponto de vista de Maquiavel), específicas "educações". Essas se alternam, limitando toda vez, de forma diferente, a perspectiva dos protagonistas, dobrando e direcionando as paixões em uma determinada configuração. E essa configuração, nos *Discursos*, Maquiavel — usando termos da medicina — a classifica entre os dois extremos da "incorrupção"²²³ e da "corrupção".²²⁴ Essa modificação é de suma importância: ela, com efeito, explica por que os

---

222 *Ibidem*.
223 *Cf. ibidem*, primeiro livro, capítulo 17, p. 244: "[...] e esta incorrupção foi a causa pela qual os inúmeros tumultos que ocorreram em Roma, tendo os homens o fim bom, não prejudicaram, mas ao contrário, foram bons para a república".
224 Quanto a este conceito, *cf.* BONADEO, A. *Corruption, conflict and power in the works and times of Niccolò Machiavelli*. Berkeley-Los Angeles-Londres: University of California Press, 1973, 2. ed., p. 1-34.

tumultos em Roma foram vantajosos para a liberdade, mas em Florença, ao contrário, limitaram-lhe a potência. Mas não se trata de um fato originário, porque em toda determinada configuração epocal o poder da natureza está presente por inteiro e pode, por isso, voltar a se fazer presente a cada momento.

Se a modificação não for irreversível, mesmo assim não significa que ela não seja real, que seja mera aparência. A percepção de uma pessoa prudente, que contempla a imutável natureza das coisas sob os despojos do alternar-se das "educações", que sabe ver debaixo das formas concretas do mundo sua eternidade ontológica[225] e, sob as mutáveis educações, a imutável dinâmica das paixões humanas,[226] sabe igualmente que a identidade dos movimentos e das paixões pode se dar só na diversidade das

---

225 Corrado Vivanti, na sua edição (v. 1, p. 898-899), cita em nota, entre outras possíveis fontes, Lucrécio, *De rerum natura* V, 677-680 e II, 300-302 (*cf.* também CILIBERTO, M. *Pensare per contrari. Disincanto e utopia nel Rinascimento*. Roma: Edizioni di storia e letteratura, 2005, p. 75 e 80-81). Maquiavel originariamente escrevera: "como se o céu, o sol, os elementos, a *alma* e os homens tivessem variado *de substância*, de movimentos, de ordem e de potência": então, corrige, suprimindo "alma" e "de substância". O texto da primeira versão do prefácio está publicado e discutido por Pincin, *Le prefazioni e la dedicatória*, cit. p. 74, observando a este propósito: "É notável o duplo descarte de resíduos da linguagem de uma certa tradição" (*ibid.*, p. 79). Mas é necessário precisar (a propósito de "substância") que a nova versão diz respeito não só à tradição cristã como também à aristotélica.
226 *Cf. Del modo di trattare i popoli della Valdichiana ribellati*: "Ouvi dizer que as histórias são a mestra das nossas ações, máxime dos príncipes, e o mundo foi sempre de algum modo habitado por homens que sempre tiveram as mesmas paixões, e sempre houve quem servisse e quem mandasse, e quem servisse de mau grado e quem servisse de bom grado, e quem se revoltasse e fosse reprimido" (v. 1, p. 24).

educações e das segundas naturezas.[227] Em uma palavra, é nesse terreno que se deve atuar: sem o considerar originário e decisivo, mas também sem imaginar que seja possível não o levar em conta. Parece, em suma, que Maquiavel descarta duas diferentes hipóteses: que a religião é essencial, por isso as estórias antigas poderiam ser lidas na sua verdade apenas se o cristianismo fosse posto de lado em prol do paganismo, e que a religião não é essencial, e por isso a verdade das estórias poderia ser alcançada somente adotando a ótica do prudente. E ele então propõe uma terceira via, que consiste na capacidade de pôr em discussão a fixidez da presente educação, reconhecendo a presença, *dentro dela*, de qualquer outra educação possível.[228] Que esse questionamento seja de fato possível, Maquiavel o mostra no capítulo 11 do primeiro livro dos *Discursos*, ao introduzir a figura

---

227 "Costumam dizer os homens prudentes, e não por acaso e sem mérito, que aquele que quer ver aquilo que deve ser, considere o que foi: pois todas as coisas do mundo, em todo o tempo, têm o próprio paralelo nos tempos antigos. Daí por que, sendo elas efetuadas pelos homens que têm e tiveram sempre as mesmas paixões, convém por necessidade que surtam o mesmo efeito. É verdade que há obras suas mais virtuosas nesta província que naquela e naquela mais que nesta, segundo a forma da educação em que esses povos assumiram seu estilo de vida" (*Discorsi*, livro III, capítulo 43, v. 1, p. 517).

228 Sobre o "fundamento ontológico" que unifica, na imitação, "historiografia e política", *cf.* CILIBERTO, F. *Pensare per contrari. Disincanto e utopie nel Rinascimento*, cit. p. 74-75. *Cf.* também GARIN, E. *Machiavelli fra politica e storia*. Turim: Einaudi, 1993, p. 5: "Fazer política significa estudar e compreender a história e servir-se dela. A verdade não é filha do tempo, ou seja, não é o fruto conquistado por uma busca cansativa: é a realidade sempre idêntica a si mesma à qual se arrancou a máscara do tempo". Mas esta é, precisamente, só a tomada de consciência da pessoa prudente, não do povo.

de Savonarola. Resgatando teses clássicas (presentes em Tito Lívio e Políbio), a "religião dos romanos" é nesse capítulo analisada como ênfase à autoridade dos antigos legisladores e fundadores de estados e cidades. Eis o que observa Maquiavel:

> *É bem verdade que aqueles tempos estavam impregnados de religião, e os grandes homens com os quais ele (Numa) devia atuar, lhe facilitaram sobremodo: alcançaram seus objetivos, podendo imprimir neles facilmente qualquer forma nova.*[229]

Mas, continua:

> *Embora os homens rudes com mais facilidade possam ser persuadidos a uma ordem ou opinião nova, nem por isso é impossível persuadi-la ainda aos homens civis e que presumem não serem rudes.*[230]

E aqui introduz o exemplo de Savonarola:

> *Ao que parece, o povo de Florença não é nem ignorante nem rude. No entanto, foi persuadido por Frei Jerônimo Savonarola de que esse frade falava com Deus. Não quero julgar se ele dizia a verdade ou não, porque de homem tão importante se deve falar com respeito: mas digo bem, que muitíssimos acreditavam nele sem terem visto coisa alguma que levasse a tal crença, porque sua vida, doutrina e pregação eram suficientes para lhe dar crédito. Ninguém, portanto, perturbe-se caso não possa alcançar o que outros conseguiram,*

---

229 *Discorsi*, livro I, capítulo 11, p. 230.
230 *Ibid.*, v. 1, p. 231.

> *porque os homens, como se disse em nosso prefácio, têm nascido, vivido e morrido, sempre, com uma mesma ordem.*[231]

Como se vê, a conclusão remete à posição sustentada no prefácio, e o episódio do extraordinário poder conquistado pelo frade de Ferrara, com base em um discurso de caráter profético, é tomado como uma corroboração dessa tese. O ocorrido em Florença demonstra que a corrupção (no sentido de ausência de religião)[232] pode ser invertida em qualquer lugar e a qualquer momento. Essa funcionalidade do cristianismo para inverter a educação que ele imprimiu nas paixões demonstra seu caráter não originário, exibe a presença, no seu interior, do poder total da natureza e, por conseguinte, de muitas outras educações alternativas. Justamente a figura de Savonarola, que representara para Maquiavel um problema de difícil solução, pela maneira como fundira a política de parte popular com a religião,[233] é aqui forçada a demonstrar exatamente o contrário: que a religião, justamente por não poder não existir quando a política é deveras "popular", não é o elemento discriminante, mas que toda religião pode ter dentro de si formas até opostas de vida política. Eis por que Maquiavel convida, na conclusão, a não recear que não seja possível imitar os antigos, dado que exatamente o movimento "queixoso" (dos prosélitos de

---
231 *Ibidem*.
232 *Cf. ibid.*, livro I, capítulo 12.
233 *Cf. supra*, capítulo 3.

Savonarola) demonstrara praticamente que o povo de Florença tinha acreditado que podia agir, e se fizera assim protagonista da vida política.[234]

2. Roma, "república cheia de tumultos e confusão"

O exemplo de Savonarola mostra que é possível mudar o mundo, não que seja o caminho a seguir. Com efeito, se é verdade que Maquiavel reconhece a função essencial desempenhada pela religião no cenário político, sobretudo no momento de instituir novas leis e ordens, ele não pode assumir, sem mais, a perspectiva de Savonarola, como aquela de qualquer outro fundador ou legislador. O ângulo de visão que os *Discursos* adotam é o oposto, é o *do povo*: é da perspectiva deste último que, pela primeira vez, se estuda a política e a função que nela tem a religião.

> *Pode-se ler os* Discursos *como uma* institutio Populi, *como significando a formação de um novo protagonista que, pela primeira vez, assoma à beira do palco da reflexão política.*[235]

---

234 *Cf.* também *Discorsi*, livro II, capítulo 2, v. 1, p. 334, sobre a possibilidade de interpretar "nossa religião" não "segundo o ócio", mas "segundo a virtude".
235 VIVANTI, C. *Introduzione* a *Machiavelli, Opere*, v. 1, p. 9-109; 71. E *cf. ibid.*, p. 82: "A teoria dos *Discursos* – de maneira muito diversa das teorias da razão de estado – era uma grande lição de liberdade, muito além da própria tradicional *libertas* florentina, que os frequentadores dos Orti Oricellari infelizmente não chegaram a compreender". Na mesma direção, *cf.* também PROCACCI, G. *Machiavelli rivoluzionario, cit.*

Deste modo se explica o próprio título da obra, com referência ao "discorrer" como habilidade que foi tradicionalmente patrimônio exclusivo dos governantes, e da qual o povo deve se apropriar, para que essa refundação da liberdade, da qual Savonarola foi exemplo, não acabe resultando na reafirmação do poder de um chefe sobre uma multidão passiva. A discussão da história de Roma, escrita por Tito Lívio, serve para trazer à tona "o processo constitutivo de um povo que se faz estado"[236] e o papel desempenhado nesse processo constitutivo, não só pelo povo e pelo senado, mas também pela respectiva capacidade de "discorrer" as razões dos atos próprios e dos outros. Poder-se-ia dizer que o estudo da história de Roma eleva ao primeiro plano a capacidade coletiva de povo e senado de "colocar em perspectiva" a si mesmo e ao outro dentro de um comum espaço político.

Essa capacidade não é livre e autônoma, mas condicionada de muitos modos. Como escreve Maquiavel no Prefácio do primeiro livro, além dos humanos, há os elementos e os astros, ou seja, todo um mundo de "acidentes" que são ou que passam a ser determinantes no possibilitar ou impossibilitar o nascimento de um Estado. E isso vale duplamente no caso de Roma, porque essa cidade não surgiu com base em um projeto bem traçado de um legislador, mas "foram muitos os acidentes que nela surgiram, pela desunião que havia entre o povo e

---

236 Vivanti, *Introduzione*, cit. p. 71.

o senado, que aquilo que não fizera um ordenador, acabou sendo feito pelo acaso".[237] A "desunião" entre as partes da cidade funcionou, de fato, como um legislador que atua sem um plano, mas consegue instituir o estado mais poderoso da história. A própria desunião não foi em absoluto intencional, mas sofrida e recebida como um mal inevitável: o senado aceitou os tumultos, pois esta era a única condição para que se pudesse ter um povo numeroso (diferentemente de Esparta) e armado (diferentemente de Veneza).[238]

Sustentando essa tese, afirma Maquiavel, o legislador está se movendo

> contra a opinião de muitos que dizem que Roma foi uma república cheia de tumultos e repleta de tamanha confusão que, se a virtude militar não tivesse feito frente a esses defeitos, teria sido inferior a qualquer outra república.[239]

Nele não se acha, porém, uma exaltação genérica da divisão do corpo político, e sim uma tomada de posição a respeito do específico caso de Roma. Maquiavel mostra, com efeito, que aqui as lutas entre patrícios e plebe se resolvem no crescimento da liberdade, porque se ligam a todas as restantes partes da "educação" romana: das "acusações" públicas[240] à religião como exaltação dos valores patrióticos,[241] às

---
237 *Discorsi*, livro I, capítulo 2, v. 1, p. 206.
238 Tema desenvolvido *ibid.*, livro I, capítulo 6.
239 *Ibid.*, livro I, capítulo 4, v. 1, p. 209.
240 *Cf. ibid.*, livro I, capítulos 7 e 8.
241 *Cf. ibid.*, livro I, capítulos 11-15.

magistraturas que foram sucessivamente instituídas.²⁴² em uma palavra, à "educação", cujo elemento ordenador é a religião.

Maquiavel mostra de que modo, tanto nos tumultos como na religião e na instituição das magistraturas, estavam presentes quer a vontade de dominar, quer a resistência à dominação nos tumultos – efeito não intencionado do projeto senatorial de expandir o poder de Roma, sem fazer a plebe participar do processo, e que, por sua vez, produzem o aumento contínuo da liberdade,²⁴³ na religião. Essa é função de controle político habilmente esquematizada por Numa, mas também uma forma na qual a plebe imagina a relação real com as próprias condições de existência na cidade: na realidade, nas cerimônias públicas o domínio do senado e a resistência popular se equilibram continuamente, sem resolver o conflito, mas também consolidando toda vez o poder e a liberdade.²⁴⁴ Daí resulta que a "desunião" entre os "dois humores diferentes, o do povo e o dos grandes",²⁴⁵ não pode nunca ser pensada de modo "puro", mas sempre cheia de conteúdos, dados, em boa parte, pela religião. Em uma palavra, a

---

242   *Cf. ibidem*, livro I, capítulos 3 e 5.
243   Acerca desse tema, *cf.* CADONI, G. Machiavelli teorico dei conflitti sociali, *in*: Storia e Politica XVII (1978), n. 2, p. 197-220; LUCCHESE, F. Del. *Tumulti e indignatio. Conflitto, diritto e moltitudine in Machiavelli e Spinoza*. Milão: Edizioni Ghibli, 2004, p. 241-264.
244   Quem frisa esse aspecto é TENENTI, A. La religione di Machiavelli, *in*: *Id. Credenze, ideologie, libertinismi tra Medio Evo ed Età Moderna*, cit. p. 175-219. Sobre a relação entre religião e política, *cf.* PROCACCI, G. *Introduzione*, cit. p. 59-60.
245   *Discorsi*, livro I, capítulo 4, v. 1, p. 209.

relação entre o povo e o senado sempre recebe uma forma, e esta é a resultante de determinadas relações de "educação". Para usar uma analogia, poder-se-ia dizer que a física das forças mecânicas, como tal, não existe jamais; no entanto, ela passa a atuar na presença de uma química das forças biológicas.

Há, por conseguinte, uma constante dialética, que acontece dentro do espaço político, e contribui para expandi-lo e reforçá-lo. Maquiavel enfatiza esse aspecto mais de uma vez, tomando por base essa específica interação entre "desunião" e "educação": os tumultos ampliam a liberdade, não a limitam. Como assim? Pois

> aquele que examinar bem o fim desses tumultos, não descobrirá que tenham gerado exílio ou violência em prejuízo do bem comum, mas leis e ordens em prol da liberdade pública.[246]

É a presença dessa divisão tumultuada que faz com que o espaço seja político, em outras palavras, não seja propriedade privada de nenhuma das duas partes. Por outro lado, Maquiavel mostra, de maneira inequívoca, que os papéis não são permutáveis, o espaço político assim produzido é assimétrico. A posição espacial do povo qualifica sua luta como a única que *pode* ter real interesse para a liberdade como existência de um espaço público. Nem os grandes nem o príncipe *podem* estar interessados nisso. O príncipe, evidentemente, porque só

---

246 *Ibidem.*

pode apropriar-se da posição política do povo suprimindo o espaço político em que é formulável. Os grandes, porque ocupam na dialética conflituosa o lugar "alto" que lhe determina o "desejo grande de dominar".[247] Somente o povo, ocupando o lugar "baixo" do espaço político, é a "parte" cujo desejo é *determinado* pelas relações de poder como "desejo não ser dominado".[248]

Maquiavel não cai, porém, em uma concepção substancialista do povo. O desejo popular de não ser dominado é ontologicamente idêntico ao de todas as outras partes, grandes e príncipes. Da mesma forma, "os desejos dos povos livres", que "raramente são perniciosos à liberdade porque nascem ou do fato de serem oprimidos, ou de suspeita de que o virão a ser",[249] são no fundo a mesma coisa que aquele "combater por ambição" que levou a plebe de Roma a "querer dividir com a nobreza as honras e substâncias como a coisa mais apreciada pelos homens".[250] Em todos os casos está operando o mesmo desmesurado "desejo", que se declina, porém, em formas determinadas pela relação, que se apresenta toda vez, entre perspectiva espacial (do alto/debaixo), relações de forças (maior ou menor poder do povo ou do senado) e educação

---

247 *Ibid.*, livro I, capítulo 5, v. 1, p. 211. *Cf.* também *Il principe*, capítulo 9, v. 1, p. 143: "[...] e os grandes desejam mandar e oprimir o povo".
248 *Discorsi*, livro I, capítulo 5, v. 1, p. 211. *Cf.* também *Il principe*, capítulo 9, p. 143: "[...] o povo deseja não ser mandado nem oprimido pelos grandes".
249 *Discorsi*, livro I, capítulo 4, v. 1, p. 210.
250 *Ibid.*, livro I, capítulo 37, v. 1, p. 276.

(incorrupção/corrupção). A polaridade fundamental, que sintetiza essas três dimensões, é aquela que existe entre "necessidade" e "ambição":

> Toda vez que se subtrai aos homens o combater por necessidade, vão combater por ambição [...]. O motivo é porque a natureza criou os homens para poderem desejar tudo, e não para conseguirem tudo, de sorte que, sendo o desejo sempre maior que o poder do adquirir, daí resulta o descontentamento por aquilo que se possui e a escassa satisfação que daí advém.[251]

Essa insuperável desproporção entre desejo e poder é, em Roma, constantemente (ainda que sempre temporariamente) relacionada ao equilíbrio nos tumultos que potencializam a liberdade e "reajustam" a relação entre religião e política, para que a primeira não se limite a projetar sobre o povo a vontade de dominação do senado, mas também restitua ao povo sua mesma imaginação prospectiva da liberdade. Os tumultos são, em uma palavra, ao mesmo tempo o efeito de certa educação e fonte para sua constante reformulação. Mas essa reformulação não deixa as coisas como estão, porém é claramente orientada no sentido da consumação progressiva do originário fundo de bondade. Ou melhor, Maquiavel mostra como Roma, desde o princípio, caracterizou-se por uma combinação de poder e corrupção (visto que não existe poder em estado puro).[252]

---

251 *Ibid.*, *cf.* também *ibid.*, livro I, capítulo 46, v. 1, p. 293.
252 Igualmente em Roma "o processo pelo qual se instaura o

Uma combinação vai gradualmente se radicalizando, até chegar a um momento no qual a ambição não pode mais ser reduzida à imaginação pública da liberdade, como se vê na época dos conflitos em torno da lei agrária.

3. "Necessidade" e "eleição": a posição do povo

Como se disse, o espaço político não é simétrico, visto que a posição "baixa" do povo qualifica seu jeito de agir, de maneira específica, atribuindo-lhe uma função que não pode ser nem dos grandes nem do príncipe. Mas também se viu que essa função é sempre desempenhada na presença de circunstâncias que a qualificam, oscilando entre o lutar por necessidade e o lutar por ambição. Na realidade, a ambição está sempre presente como "desejo" em toda forma de ação; todavia, ela se manifesta e se torna politicamente decisiva na medida em que não se faz presente a "necessidade".

O conceito de necessidade tem, portanto, fundamental importância e há de ser considerado cuidadosamente.[253] Vamos tomar como ponto de

---

'viver livre' é [...] aquele mesmo que o leva à destruição" (CADONI, G. *Machiavelli. Regno di Francia e principato civile*, cit. p. 206), enquanto o crescimento do poder, que exprime o incremento da liberdade por meio do conflito entre plebeus e nobres, é também ao mesmo tempo a progressiva dissipação do inicial fundo de "bondade" que repousava na "boa" fundação de Roma.
253 Para uma resenha dos usos do conceito "necessidade" na obra de Maquiavel, *cf.* RAIMONDI, F. "Necessità" nel Principe e

partida a alternativa encontrada logo acima: "necessidade" é aqui sinônimo de falta de opção; em determinadas circunstâncias, o povo não teve opção e se viu obrigado a lutar para não ser politicamente aniquilado. A luta do povo era de simples resistência, porque a iniciativa cabia exclusivamente ao senado. Nessa luta, de resto, não se achava ausente o desejo, mas era completamente determinado pelas circunstâncias da luta: "a criação dos tribunos, e a esse desejo (a plebe) se viu coagida por necessidade",[254] escreve Maquiavel. Necessidade é, por conseguinte, sinônimo de uma situação na qual o desejo coincide perfeitamente com a luta, porque não se luta em função de alcançar uma coisa que se deseja (e que inevitavelmente deixará o desejo não saciado), mas vice-versa, deseja-se aquilo pelo que se é forçado a lutar: o desejo é determinado pela condição (de extrema fraqueza) que força a lutar, e não o contrário.

É por essa razão que Maquiavel afirma que a necessidade é a causa do "bem" operar,[255] e significa o mesmo que "virtude":[256] a ação virtuosa é, com efeito, aquela realizada como resposta às exigências

---

nei Discorsi di Machiavelli, *in*: *Scienza & Politica XXI* (2009), n. 40, p. 27-50; 32-49.
254 *Ibid.*, livro I, capítulo 37, v. 1, p. 276.
255 *Ibid.*, livro I, capítulo 3, v. 1, p. 208.
256 *Cf. ibid.*, livro I, capítulo 1, v. 1, p. 200. *Cf.* também *ibid.*, livro II, capítulo 12, v. 1, p. 356: "[...] seus soldados, por se acharem em terra estranha, sentem-se mais necessitados a combaterem, e essa necessidade produz virtude, como já dissemos mais de uma vez."

impostergáveis da realidade[257]. Foi discutido[258] esse ponto com referência a *O príncipe* comentando-se a seguinte passagem: "Daí ser necessário, quando um príncipe quiser manter-se, aprender a poder ser não bom, e servir-se disso ou não se servir conforme a necessidade",[259] na qual se apontou a base da nova ética que Maquiavel sugere ao príncipe novo. Mas nos *Discursos* acrescenta-se um aspecto importante, que possibilita igualmente uma reconsideração retrospectiva de *O príncipe*: afirma-se com mais precisão, como se viu, que a necessidade designa aquele tipo de ação em que o desejo é determinado pela condição, e não vice-versa.

Com referência a *O príncipe*, isso pressupõe que a ação visando salvar o Estado seja "necessária" neste sentido, e que o príncipe tenha condições para personalizá-la de modo correto, ou seja, necessariamente. Ademais, visto que a necessidade se estende a todas as situações em que a ação do príncipe é virtuosa, isso pressupõe também que em toda outra ação do príncipe haja perfeita correspondência entre o atuar e o desejo. Em outros termos, deve o príncipe agir

---

257 A aproximação entre necessidade e virtude, que em *L'Asino* passa a ser uma equiparação ("o reino que é levado por virtude – a operar ou por necessidade – ficará sempre dando voltas sem saber" V, v. 79-81, v. 3, p. 66-67), põe Maquiavel em aberto contraste com a prudência dos governantes florentinos do seu tempo, para quem, ao contrário, a necessidade era uma força irracional que limitava a razão e, por conseguinte, a virtude, e reduzia "os cálculos humanos a reações automáticas" (GILBERT, F. *Le idee politiche a Firenze al tempo del Savonarola e Soderini*, cit. p. 96).
258 *Cf. supra*, capítulo 2, item 1.
259 *Il príncipe*, capítulo 15, v. 1, p. 159.

só pelo bem do Estado e não em prol da sua ambição pessoal ou por outras razões.[260] Isso, todavia, por sua vez, supõe que o príncipe novo se comporte sempre como um legislador, ou seja, como uma das personalidades lembradas no capítulo 6, das quais, no entanto, o príncipe novo se distingue. A oscilação, que já se apontou no capítulo 2, entre príncipe novo e legislador está indicando que não se esclareceu devidamente esse ponto no momento em que Maquiavel está redigindo O príncipe. Pode-se tomar como uma intervenção esclarecedora, olhando retrospectivamente, a seguinte passagem dos Discursos:

> Mas aquilo que nosso historiador (Tito Lívio) diz a respeito da natureza da multidão ("Esta é a natureza da multidão: ou serve humildemente, ou é pela soberba dominada"), não diz sobre aquela que é regida pelas leis, como era a romana. Refere-se, isto sim, àquela desunida, como a de Siracusa: esta cometeu os erros que cometem os homens enfurecidos e desunidos, como o fez Alexandre Magno, e Herodes nos casos citados. Mas não há de se inculpar a natureza da multidão mais que a dos príncipes, porque todos erram do mesmo jeito, quando todos sem diferença podem errar. [...] Concluindo, então, contra a opinião corrente, a qual diz como os povos, quando são príncipes, são vários, mutáveis e ingratos, afirmando que neles se acham os mesmos pecados que nos príncipes particulares.[261]

---

260 Maquiavel, não por acaso, distingue a ação virtuosa da "via criminosa e nefasta" (ibid., capítulo 8, v. 1, p. 139) e da "astúcia afortunada" (ibid., capítulo 9, v. 1, p. 143).
261 Discorsi, livro I, capítulo 58, v. 1, p. 317.

Multidão e príncipe são aqui expressamente comparados com relação à necessidade, e esta é também, mais à frente, qualificada. Com efeito, se o agir necessário é aquele subtraído ao arbítrio, nessa categoria se pode compreender (e de fato Maquiavel assim entende nos *Discursos*) qualquer agir que seja profundamente condicionado ou "regulado", não só pelas circunstâncias materiais, naturais etc., mas por qualquer elemento que tenha condição para exercer uma pressão insuperável: as leis, a religião ou a força. Desse ponto de vista, Maquiavel pode derrubar a *opinião comum* segundo a qual a multidão é inconstante, e afirmar, pelo contrário, que uma multidão regulada é, justamente em virtude do seu número, mais constante e sábia que um príncipe: "Mas quanto à prudência e à estabilidade, afirmo que um povo é mais prudente, mais estável e de melhor juízo que um príncipe".[262] Em relação a *O príncipe*, explicita-se a distinção entre príncipe novo e legislador: realmente virtuosa é apenas a ação do legislador, ao passo que a do príncipe novo só pode ser assim acidentalmente, e isso lança uma sombra sobre todo o projeto do qual o tratado era portador.

Mas vamos agora ver melhor a extensão que o conceito de "necessidade" conhece nos *Discursos*, e as implicações que daí se originam. A multidão "regida pelas leis" é, como se viu, aquela à qual se impede errar, porque sua ação está subtraída ao arbítrio ("sem respeito, podem [...]"), não pode não ser

---

262 *Ibid.*, v. 1, p. 318.

aquela que é: Ou porque é material e mecanicamente forçada a isso pelo imenso poder dos poderosos e sua "ambição", ou por ficar encerrada em um corpo de leis que são, ao mesmo tempo, reflexo aproximativo de um costume (se assim não fossem, as leis seriam ineficazes)[263] e expressão de uma vontade "educadora" (portanto, religiosa) de um legislador ou do senado.[264] Essa vontade pode ser, às vezes, quase absoluta, mas de fato é sempre mais ou menos contrabalançada pela resistência da plebe que, por conseguinte, constrange essa vontade a se reformular constantemente, de modo a conter tanto a ambição (maior) dos grandes como aquela (menor) dos plebeus. Por conseguinte, a "necessidade" vem a ser, nos *Discursos*, o resultado sempre móvel da interação constante entre as lutas, a regulação desses conflitos mediante as leis e a religião, e o modo como as duas partes – por meio de leis e religião – imaginam essas lutas e nelas assumem a própria posição.

No *intervalo* que, devido a essa mobilidade, sempre se cria entre a necessidade e a livre escolha, podem se desencadear as ambições dos "humores". Mas, ainda que sejam ontologicamente idênticas (todas são expressões do mesmo "desejo") e de fato

---

263 "[...] assim como os bons costumes, para se manterem, têm necessidade das leis, da mesma forma as leis, para serem observadas, necessitam dos bons costumes" (*ibid.*, livro I, capítulo 18, v. 1, p. 345).
264 Aborda-se esse tema em geral, *ibid.*, primeiro livro, capítulo 1, no qual se discutem as formas de fundação das cidades. Aí se opta pela fundação, "em locais fertilíssimos" e para "ordenar que a essas necessidades, as leis a (cidade) a constrinjam, que o lugar não a constrinja" (v. 1, p. 201).

procurem o mesmo fim (oprimir a outra parte), não podem ser totalmente equiparadas, pois, como já se disse, acham-se em lugares diferentes do espaço político. Isso significa que, se não há nenhuma relação *essencial* entre povo e liberdade (significando que o povo não é por princípio e sempre o tutor da liberdade); não se está, tampouco, na presença de uma mera acidentalidade (significando que o povo estaria casualmente ligado à liberdade, como seria possível, em certas circunstâncias, acontecer também aos grandes). A distinção analítica entre unicidade do desejo e suas formas efetivas não constitui um obstáculo para se chegar a uma perfeita equivalência dos humores, não cancela a assimetria espacial da dialética, sua diferença real. Em uma palavra, há sempre uma parte que ocupa *o ponto mais baixo* das relações de forças, e cuja ação contém, por isso, um maior grau de "necessidade" e, por conseguinte, de virtude.[265]

---

265 *Cf.* por exemplo, *ibid.*, livro I, capítulo 3, v. 1, p. 207-208, no qual se explica que, depois da expulsão dos Tarquínios, parecia "que os nobres tinham posto de lado aquela soberba, e se houvessem tornado de ânimo popular, e suportáveis por qualquer um, mesmo ínfimo". Esse "engano" provinha, explica Maquiavel, do receio que, se os Tarquínios quisessem voltar à Urbe, a plebe os apoiaria. Sendo assim, enquanto os Tarquínios eram vivos, o engano "se manteve escondido". Após a morte de todos os Tarquínios, quando "os nobres já não mais temiam nada, começaram a cuspir na cara do povo o veneno que haviam guardado no peito" e a oprimi-lo. Houve, então, "uma série de confusões, boatos e perigos de escândalos, que nasceram entre a plebe e a nobreza", até que se criaram os tribunos da plebe. O medo dos Tarquínios se iguala, portanto, durante certo período, ao dos nobres e plebeus (leva-os a agir "por necessidade") refreando sua ambição. Assim, após a criação dos tribunos, é o medo da plebe que exerce essa função. Mas, em ambos esses casos, o medo surge como barreira temporária para o declínio do desejo de dominar, enquanto, no

Essa desigualdade vai se refletir também na diferente capacidade de conhecer o nexo de leis e religião com a necessidade. Devido ao lugar mais alto que ocupam, os grandes possuem (ao menos de forma tendencial, na medida em que ela não é ofuscada pela ambição) a capacidade de avaliar devidamente o nexo entre leis, religião e as reais relações de poder. Por isso, os grandes sempre são capazes de ver mais longe que a multidão, mas ao mesmo tempo, e devido à sua própria colocação topológica, não podem usar essa capacidade para potenciar a liberdade comum. Essa visão de longo alcance pode, certas vezes, convencê-los de que é necessário tolerar certa margem de liberdade, caso se intencione alcançar determinado resultado (como no caso da ampliação de Roma). A instituição dos tribunos da plebe e o uso político da religião, não como instrumento de simples dominação, mas como espaço no qual, para poder dominar, é necessário satisfazer uma parte da ambição da plebe, são dois momentos fundamentais dessa política que é, em todo caso – como frisa o próprio Maquiavel – fundamentalmente planejada para "enganar o povo".[266]

Eis o ponto em que se insere a proposta de Maquiavel, ao escrever os *Discursos*: aprender a "discorrer" as razões de outrem, mediante uma verdadeira leitura das histórias, ou seja, para o povo como

---

caso da plebe, a explosão do desejo (com os Gracos e "os partidários de Mário") decorre da cessação *temporária* do medo da nobreza.
266 *Discorsi*, livro I, capítulo 47, v. 1, p. 297.

massa tomar consciência do próprio poder e da própria específica relação com a defesa da liberdade. Essa tomada de consciência não tem nada a ver com algum pretenso papel privilegiado do povo. Como já se viu, Maquiavel o exclui. Ele tampouco imagina que se possa abolir a dicotomia entre prudentes e vulgo. Mas acredita que o povo pode chegar a compreender a natureza *política* da "posição" que ocupa; em outros termos, o fato de que o próprio ângulo de visão pode fazer ver coisas que a perspectiva dos grandes não permite ver. Isso abre igualmente uma nova perspectiva diante da "necessidade".

4. Aprender a ser livre

No capítulo 16 do primeiro livro dos *Discursos*, Maquiavel empreende uma discussão – que prossegue nos capítulos 17 e 18 – sobre como um povo pode perder a liberdade, ou, embora tenha a oportunidade, não vai reconquistá-la, a não ser por algum tempo. À luz do que se disse, esse problema assume um significado crucial: aqui a perspectiva do povo é assumida, não só como elemento dentro de uma relação de forças e de uma estrutura educativa, mas como *ponto de vista* a partir do qual se há de pensar o modo como esse elemento, envolvido no conflito, poderá também desenvolvê-lo em vantagem própria. Em uma palavra, aqui se trata de pensar concretamente, em perspectiva política, o convergir da exigência de "discorrer" as história, com a função do povo no conflito político que percorre o Estado. Não deve surpreender, então, que essa passagem ocorra (como veremos) graças a uma aproximação da análise desde Roma aos limites da Itália e de Florença atuais e às candentes questões abertas, e entre todas estas, em primeiro lugar, o horizonte monárquico agora amplamente delineado na Europa e, como contragolpe passivo, na Itália.[267]

O capítulo 16 aborda o caso de um povo que se encontra acidentalmente na condição livre:

> *É muito difícil para um povo acostumado a viver sob um príncipe conservar depois a própria liberdade, se por algum acidente ele a conquista, como Roma depois da expulsão dos Tarquínios, é o que demonstram inúmeros exemplos nas memórias das histórias da Antiguidade. E essa dificuldade é razoável: porque esse povo se assemelha a um animal irracional, que, mesmo de natureza feroz e selvagem, foi sempre alimentado no cativeiro e na servidão; mas depois, deixado à própria sorte no descampado, livre, sem o costume de se alimentar sozinho, sem saber onde buscar refúgio, torna-se presa do primeiro que busca recapturá-lo. O mesmo acontece a um povo que, acostumado a viver sob o governo de outros, sem saber nada nem das defesas ou das ofensas públicas, sem conhecer os príncipes nem sendo por eles conhecido, volta logo para debaixo de um jugo que, na maioria das vezes, é mais pesado que aquele que pouco antes levara ao pescoço: e*

---

267 Uso a expressão "contragolpe passivo" na acepção de Antonio Gramsci. *Cf. QC*, p. 41-42, 133, 504.

> *se acha nessas dificuldades, ainda que a matéria não esteja corrompida. Porque um povo em que tudo entrou a corrupção, em pouco tempo não terá mais condição de viver livre, como se vai discorrer a seguir. No entanto, nossos raciocínios tratam dos povos nos quais a corrupção não se ampliou ao extremo e nos quais há mais coisas boas que corrompidas.*[268]

Essa passagem se assemelha muito ao que Maquiavel já escrevera no capítulo 5 de *O príncipe*, *Como se devem governar as cidades ou principados que, antes de serem ocupados, regiam-se por leis próprias*, no qual explica que a cidade livre é, do ponto de vista do príncipe, somente um problema: sua maior vida, seu poder maior é para quem pretende dominá-la como mera desordem; a memória da antiga liberdade perdida é um íncubo que pesa sobre o presente: tudo isso torna sumamente mais duro e perigoso o processo de submissão.[269] Mas aqui, ressalte-se, o termo "príncipe" designa também uma cidade dominante constituída em república, tal qual Florença em face de Pisa. A generalização se acha completa a partir da existência de uma relação de dominação não do modo como o estado se rege, e a liberdade de uma cidade é, nesses termos, dirigida para o exterior: o não ser dominado. No momento da conquista expansionista a partir de um estado já existente (caso examinado nos capítulos 3-5 de *O príncipe*), a cidade que se constitui república

---

268 *Discorsi*, livro I, capítulo 16, v. 1, p. 240.
269 *Il principe*, capítulo 5, v. 1, p. 130.

comporta-se como aquela que se estabelece como principado, assimilando em formas variadas (da flexibilidade de Roma até a rigidez mesquinha de Florença) o espaço exterior. A ótica da política exterior e da guerra como conquista não conhece outra lógica, senão esta.

A mudança que se acha nos *Discursos* está relacionada precisamente à lógica que permite pensar a relação entre interior e exterior, entre política e guerra. No caso em que se assuma a perspectiva do povo, torna-se decisiva a distinção entre regime livre e não livre, com o qual a cidade se governa, e o que isso exatamente quer dizer no tocante à relação entre governantes e governados. Esta acepção de "liberdade" se torna determinante também para compreender a outra, aquela que tem como alvo o exterior. Nos *Discursos* o centro da projeção perspectivista da reputação não é nem o príncipe nem a cidade republicana como "príncipe", mas o povo, e é a respeito deste que importa compreender como é aprender a ser livre.[270]

Como atesta a discussão do caso de Roma, ser livre é o resultado de uma penosa aprendizagem: em face da perda acidental do príncipe (a expulsão dos Tarquínios), não é suficiente o pressuposto da "incorrupção". É indispensável um elemento construtivo, que pertence ao campo do "discorrer". A plebe, com efeito, não deliberou o fim da monarquia

---

270 Sobre as diferenças entre *O príncipe* e os *Discursos* no tocante à relação entre guerra e política, *cf. supra*, capítulo 3.

a partir de uma reivindicação surgida do seu seio, embora suportasse, como todos, as arbitrariedades de Tarquínio. Após o estupro e a morte de Lucrécia, Lúcio Júnio Brutus, com um discurso no Fórum, em que apresentava todas as atrocidades e injustiças cometidas pelos Tarquínios, "inflamou o povo (*multitudinem*) e o induziu a tirar o poder do rei e decidir o exílio de Lúcio Tarquínio, de sua mulher e dos seus filhos".[271] A multidão ouve um homem que a incita a agir segundo suas próprias ações. A ação da massa não nasce de um "discurso" dessas razões. Esse "discurso" é precisamente a parte construtiva, a única que pode servir de fundamento para uma liberdade não acidental, não adventícia, não concedida, mas procurada, raciocinada e defendida.

A comparação entre o povo e o animal que cresceu em cativeiro, presente no capítulo 16 do primeiro livro dos *Discursos*, é de resto esclarecedora, pela analogia entre, respectivamente, conhecimento dos locais onde se apascentar e compreensão racional das defesas e ofensas públicas de um lado; e do outro, conhecimento dos refúgios e conhecimento dos príncipes por parte do povo, e vice-versa. Isso quer dizer que a capacidade coletiva de "raciocinar" publicamente as questões de interesse político e cívico (aludindo às acusações públicas de Roma contra as calúnias de Florença)[272] é o "alimento" da

---

271 TITO LÍVIO. *Storia di Roma dalla sua fondazione*. Livro I-III, tradução italiana de Mario Scàndola. Milão: Rizzoli, 1963, p. 98.
272 *Cf. Discorsi*, livro I, capítulos 7 e 8. v. 1, p. 217-222.

liberdade, ao passo que sua "defesa" consiste em conhecer o que é um príncipe.

Nutrir a liberdade quer dizer alimentá-la, fazê-la crescer. Com efeito, as acusações públicas desempenham na história romana a dupla função de instituir um controle que se difunde capilarmente na sociedade, que ultrapassa em muito os limites da lei propriamente dita, enquanto faz de todo cidadão um potencial "magistrado" ("os cidadãos, temendo serem acusados, não ameaçam o estado"),[273] e de conter a conflituosidade entre humores, seja qual for a questão que surgir dentro dos limites da forma jurídica ordinária, sem que seja necessário recorrer a "modos extraordinários", visto que todo cidadão sabe e sente que, ao ser vítima de um erro, pode alcançar justiça:

> Há canais para descarregar aqueles humores que crescem nas cidades, de todo o jeito, contra qualquer cidadão: e quando não encontram canais para se desafogarem ordinariamente, recorrem aos modos extraordinários, que acarretam a ruína de toda uma república.[274]

O "alimento" da liberdade é, por conseguinte, um ordenamento capaz de aderir a toda a sociedade, dando ensejo de expressão a todo o tipo de conflito e permitindo, assim, a todos os seus componentes que se vejam, todos, em perspectiva, e a todos os outros como parte de um espaço comum. Se isso for verdadeiro, o que é que se entende então por

---
273 *Ibid.*, livro I, capítulo 7, v. 1, p. 217.
274 *Ibidem*.

"conhecer os príncipes" e "ser conhecido por eles"? O significado dessas expressões é menos óbvio do que pode parecer à primeira vista, dado que se é levado a pensar que, do príncipe, deveria, sobretudo, ter conhecimento aquele povo que, por longo tempo, esteve sob o seu governo, como foi o caso precisamente do povo romano ao fim da monarquia.

Mas não é assim. Há de se ler o termo "conhecer" no sentido de uma prospectiva, à luz daquilo que diz, a esse propósito, na dedicatória de *O príncipe*, a célebre comparação com a cartografia.[275] O "conhecimento" não é uma noção óbvia, determinada pela simples familiaridade, ou mesmo pelo hábito da obediência ou da dominação. O conhecimento é, isto sim, precisamente, o ato de pôr em perspectiva, isto é, o ato de tomar distância que consiste em demarcar os respectivos "lugares" e redefinir em termos políticos (alto/baixo) aquilo que para ambas as partes se mostra, à primeira vista, como simples "ordem" natural de dominadores e dominados.

Conhecer designa, por conseguinte, o exato contrário do que se entende por *hábito* de ser governado: o conhecimento é uma situação em que duas forças se defrontam e se encaram, isto é, uma situação em que cada parte se vê a si mesma nos efeitos que produz no plano da reputação da qual a outra é depositária e testemunha, e na qual cada uma "vê" a *contingência* da relação que as une e as divide.[276] Por que, então,

---

275 *Cf. supra*, capítulo 2, item 2.
276 É por essa razão que "conhecer" o príncipe e por ele "ser

um povo que acidentalmente se libertou da dominação de um príncipe "não demora a retornar para debaixo do jugo"? Porque não sabe (ainda) que um príncipe não é o representante de uma ordem "natural" de dominação, cuja ausência marca apenas uma suspensão da ordem, mas uma "acidental" força entre as forças, força essa cuja natureza é idêntica à de todas as outras, embora seja de maior potência que muitas outras: uma força, enfim, cuja natureza vai ser definida no plano dos efeitos, pela relação que assume para com o povo e para com os grandes, mas que será, todavia, caracterizada por uma incompatibilidade de fundo no que se refere ao espaço público. O cidadão privado que se torna príncipe poderá efetivamente apoiar o estado no povo ou nos elementos da nobreza (*optimates*), obtendo diferentes graus de estabilidade. Seja como for, todavia, sua função vai deslocar o risco de conflitos entre humores para um outro plano, impedindo que se desenvolvam na totalidade das suas implicações.

Considere o maior exemplo de príncipe novo, César Bórgia, examinado por Maquiavel em *O príncipe*. Na Romanha, Valentino restaura uma matéria corrompida, leva-a de volta à ordem, arrancando-a da anarquia feudal,[277] mas não estabelece a liberdade

---

conhecido" são noções inseparáveis: um príncipe não conhece o povo que governa, um povo reduzido a um conjunto de súditos, mas conhece apenas o povo que está diante dele como grupo que reivindica para si o poder, ou reivindica uma correta limitação do poder desse príncipe, a partir da sua particular perspectiva "de baixo" (e que reivindica essa perspectiva como sua própria).
277 *Cf. Il principe*, capítulo 7, v. 1, p. 136.

da população que, ao contrário, é sujeita à força e à lei. O tribunal por ele instituído como instância não apenas distinta do arbítrio do príncipe (ou dos seus emissários), mas também capaz de transmitir ao príncipe as reivindicações das diversas cidades do Estado, permite que se desloque para um plano diferente o ódio dos populares ao poder dos senhores feudais, fazendo-o assim compatível com a soberania monárquica. Sobre um plano apenas mais complexo, elabora-se o mesmo discurso acerca dos "parlamentos" franceses,[278] "terceiro juiz" entre "grandes" e "populares", instituído pelo rei para que "abatesse os grandes e favorecesse os menores",[279] para moderar "o ódio da maioria contra os grandes, fundamentado sobre o medo".[280]

Considere-se enfim a singular caracterização de Rômulo como fundador de uma monarquia que, no entanto, em si tem também muita coisa de uma república, presente nos *Discursos*: ele – escreve Maquiavel – funda Roma, dando-lhe ordens "mais em consonância com um viver civil e livre do que com um absoluto e tirânico".[281] A íntima relação entre monarquia e república é de fato frisada no capítulo 10, *Quão dignos de louvor são os fundadores de uma república ou de um reino, da mesma forma merecem*

---

278 Sobre toda a questão *cf.* CADONI, G. *Machiavelli. Regno di Francia e principato civile, cit.* p. 43-103.
279 *Il principe*, capítulo 19, v. 1, p. 169.
280 *Ibidem*.
281 *Discorsi*, livro I, capítulo 9, v. 1, p. 224.

vitupério os fundadores de uma tirania.[282] Ao desenvolver seu raciocínio, Maquiavel não se esquece, todavia, de precisar que ainda permanece uma diferença, e esta se acha exatamente na adjetivação usada para discutir a qualidade das ordens de Rômulo, "mais em consonância com um viver civil e livre do que com um absoluto e tirânico". A ordem monárquica pode ser civil e absoluta, mas não pode ser em caso algum livre ou tirânica, de outra forma seria ou uma república (*civil – livre*) ou uma tirania (*absoluta – tirânica*). De resto, todo o discurso da perda da liberdade por um povo, que não conheça os príncipes, explica-se à luz dessa diferença, que não se pode eliminar, entre monarquia e república, entre os primados da lei e da liberdade, diferença que, do ponto de vista do povo como parte política, não só é importante, como também decisiva.

Com efeito, na segunda parte do capítulo 16, o mesmo discurso que na primeira parte foi desenvolvido a partir da perspectiva do povo é retomado na perspectiva de um príncipe que tem exclusivamente interesse em conferir *estabilidade* ao próprio poder.[283] Ele deverá garantir ao povo a segurança por meio de leis às quais ninguém, nem o próprio príncipe, poderá subtrair-se, e deverá permitir-lhe desafogar em parte seu rancor para com os nobres. Desse modo, o príncipe, dando parcialmente apoio a uma paixão constitutiva do povo (o ódio aos grandes),

---

282 *Ibid.*, livro I, capítulo 10, v. 1, p. 225-228.
283 *Ibid.*, livro I, capítulo 16, v. 1, p. 241.

conseguirá na realidade *driblá-la*, pois irá desviar seu povo da sua exigência fundamental, a de "reaver a própria liberdade".[284]

Para alcançar esse objetivo, o príncipe utilizará uma distinção facilmente discernível "em todas as repúblicas, seja qual for o modo como estiverem ordenadas",[285] a distinção entre aqueles "quarenta ou cinquenta cidadãos" que "reúnem [...] os graus do comando", e todos os outros, aos quais "basta viver em segurança".[286] Os primeiros poderão ou ser eliminados ou ser cooptados, os segundos ficarão satisfeitos

> com ordens e leis, para que simultaneamente com seu poder (dos príncipes) se inclua a segurança universal [...]. Um exemplo nos é oferecido pelo reino da França, que só vive em segurança porque esses reis se obrigaram a um sem-número de leis, em que se inclui a segurança de toda a sua população.[287]

Observou-se com razão que Maquiavel, neste ponto, deixa para trás a tradicional dicotomia republicana entre liberdade e segurança e, tomando por argumento o exemplo francês e a alusão ao caráter estruturalmente oligárquico das repúblicas, redefine a liberdade não mais como participação, e sim como o gozo passivo de uma condição em que a segurança

---

284 *Ibid.*, p. 241-242.
285 *Ibid.*, p. 242.
286 *Ibidem.*
287 *Ibidem.*

do indivíduo está garantida pela lei.[288] Mas dizendo isso, importa igualmente considerar a perspectiva que possibilita essa redefinição, uma perspectiva que certamente se abre para a era da soberania da "república" moderna, e, todavia, contém igualmente em seu bojo uma alternativa, cujo desenvolvimento acompanhamos no texto dos *Discursos*.

Essa alternativa não é, porém, como neste ponto se esclarecerá, um retorno ao passado, à velha ideia de liberdade como participação. Inclusive porque, como pudera pessoalmente constatar Maquiavel, Florença, dentro e fora dos muros, não funcionava exatamente como uma república democrática. Repensar a liberdade em termos europeus só era possível abandonando todo o saudosismo e desenvolvendo a fundo as implicações contidas na realidade do povo como passividade, desordem, incapacidade de tomar decisões, e assim por diante. E também aquelas contidas na realidade da sua contraparte – seja um príncipe ou a nobreza – que, ao contrário, é capaz de tudo isso. Aqui, portanto, Maquiavel mostra, referindo-se à França, como, ao assumir as reivindicações populares, o príncipe conseguiria levar a cabo a revolução que Gramsci chama de "revolução passiva",[289] que confirma e reforça a subordinação política do povo no momento em que assume, desse

---

288 GUARINI, E. F. Machiavelli and the crisis of the Italian republics, *in: Machiavelli and Republicanism*, Gisela Bock, Quentin Skinner e Maurizio Viroli (Ed.). Cambridge: Cambridge University Press, 1990, p. 17-40; 28.
289 Sobre este conceito, *cf. supra*, nota 267.

mesmo povo, de forma progressiva, algumas reivindicações. Mas esta é precisamente a estratégia que os *Discursos* pretendem estudar e esclarecer.

5. Igualdade e liberdade

Como isso há de ser possível não emerge da discussão do caso de Roma, em si concluído em uma parábola na qual, de uma parte a liberdade se identifica com a "incorrupção", mas de outra parte, o concreto exercício da liberdade produz a "corrupção". Em Roma, a plebe não chega nunca a assumir de forma consciente o ponto de vista a partir de "baixo" como própria perspectiva política: sua ação está contida entre os dois extremos da "necessidade" e da "ambição", sem que seja possível – dadas as premissas – parar essa trajetória em um ponto intermediário.

É diferente, porém, a situação no mundo atual, que é dominado de um lado por uma universal "corrupção" (à qual escapam apenas insignificantes *enclaves*),[290] uma corrupção determinada pela catástrofe da liberdade antiga, dividido, e do outro lado, pela grande alternativa entre "igualdade" e "desigualdade", e esta, observe-se, *não* coincide com aquela entre "incorrupção" e "corrupção". O tema é introduzido, de modo não casual, nos capítulos 17 e 18 do primeiro livro, no âmbito da discussão referente à perda da liberdade: mas se no capítulo 18

---

290 Cf. *Discorsi*, livro II [Prefácio], v. 1, p. 325 e livro I, capítulo 55, v. 1, p. 310.

a corrupção é sinônimo de ausência de obrigação interna das leis, segundo a acepção antiga, no capítulo 17 ela é reduzida à existência de "desigualdade", e equiparada à "pouca aptidão para a vida livre".[291] Enquanto no primeiro caso cresce a corrupção, com o crescimento da igualdade entre a plebe e os patrícios, no segundo é ao contrário a presença de "gentis-homens",[292] figuras da sociedade ligadas a grandes propriedades, e eventualmente a castelos e súditos próprios, que impedem a igualdade.

Nesse deslocamento acha lugar o discurso popular referente à perda da liberdade. Como um discurso, porém, que se desenvolve totalmente no interior dessa estrutura basicamente "igualitária" que é o povo. Do qual saiu triunfante o arranjo monárquico, assim como na França, o sistema das relações de forças (a balança das "ambições") deixa subsistir povo e grandes, que ficam equilibrados de diversos modos pela coroa com o instrumento da lei e da força (o apoio dos barões). Mas onde a igualdade foi se consolidando, e todo o espaço acabou ocupado pelo povo, este deverá encontrar em seu próprio meio as modalidades do equilíbrio das forças.

Mas esse povo emerge do naufrágio da liberdade antiga: seu "princípio" não contém "bondade" alguma; ao contrário, é a própria "corrupção". Não faz sentido, então, impostar um discurso de liberdade em termos de "retorno" aos princípios, como aponta

---
291 Ibid., livro I, capítulo 17, v. 1, p. 245.
292 Ibid., livro I, capítulo 55, v. 1, p. 311.

Maquiavel a propósito de Roma no capítulo 1 do terceiro livro. Esse "discurso do povo" só então poderá definitivamente *eliminar* a problemática da fundação. O mundo moderno reemerge gradualmente, com ritmos e temporalidades diferentes, da servidão que é o fundamento do mundo cristão-burguês, sem que essa reemersão volte a produzir algum tipo de conformismo, a não ser de modo seletivo (referente só ao povo) e passivo nas monarquias.

Ao contrário: no mundo moderno *a liberdade e o individualismo vão crescer juntos*.[293] Portanto, seu "princípio": não para trás, em um lugar ao mesmo tempo definido e mítico, mas no próprio curso do seu desenvolvimento, em nenhum lugar definido, mas no conjunto das lutas que levaram à igualdade. Além disso, se a igualdade significa a supressão dos gentis--homens como incompatíveis com o viver político,

---

293 O caso de Florença, discutido nas *Istorie fiorentine*, é um bom exemplo do modo como poder e crise se entrelaçam *no mundo moderno* (*cf.* DEL LUCHESE, F. La città divisa: esperienza di conflitto e novità política in Machiavelli, *in*: *Id*. *Machiavelli: immaginazione e contingenza*, cit. p. 17-29). Esse entrelaçamento existiu sem dúvida também no tempo antigo: também em Roma "o processo pelo qual se instaura o 'viver livre' é [...] aquele mesmo que o leva à destruição" (CADONI, G. *Machiavelli. Regno di Francia e principato civile*, cit. p. 206), enquanto o crescimento do poder, que exprime o crescimento da liberdade por meio do conflito entre plebeus e nobres, é ao mesmo tempo a progressiva dissipação do inicial fundo de "bondade" que repousava na "boa" fundação de Roma. Embora a origem de Roma não seja (como a de Esparta) reduzível a um só indivíduo, por ser o resultado de uma acumulação casual de indivíduos e eventos, ela desempenha em suma na sua "história", sempre e apesar de tudo, o papel decisivo. Mas as coisas se passam de outro modo no mundo moderno, que já se acha sempre corrompido e que, por isso, procura (e às vezes acha) a "razão" da própria "liberdade" no curso da sua própria trabalhosa autoconstrução.

o conflito voltará a se apresentar como *interno* ao próprio povo, como é amplamente reconstruído na história de Florença, e como é sumariamente recordado no *Discursus florentinarum rerum*, com a distinção de "primeiros, medianos e últimos", que é interna e não externa à estrutura geral da igualdade.[294]

Neste contexto, a multidão dos "últimos" não só poderá afirmar o próprio direito de cidadania (como faz a plebe em Roma), mas poderá fazê--lo com base em um discurso igualitário em linha de um princípio compartilhado por todo o povo, obrigando, assim, a cidade a realizar promessas edificadas com as lutas de todos e para o bem de todos. Esboçam-se assim uma nova relação entre baixo/alto e também um novo conceito de liberdade. Enquanto em Roma a existência de um desnível entre alto e baixo é essencial para a existência da liberdade (a função da plebe consiste, paradoxalmente, em lutar para que esse desnível permaneça *preterintencionalmente* em uma espécie de proporção ótima, não excessiva em nenhum dos dois sentidos), no mundo moderno a liberdade consiste na capacidade coletiva organizada de identificar as áreas de desigualdade que, constantemente, vão sempre de novo se abrindo no tecido da igualdade, com o risco de esvaziá--lo e reduzi-lo a uma mera palavra. A liberdade, por conseguinte, não mais consiste em "deter" a corrupção, mas na injunção, sempre de novo sufocada e

---

294 *Cf. Discursus florentinarum rerum post mortem Iunioris Laurentii Medices*, v. 1, p. 738.

sempre retomada, a confiar no comum discurso da igualdade popular, incluindo as relações de forças na própria educação, como matéria para "discorrer" constantemente. Quando a desintegração política e a diferenciação espacial da igualdade passarem a ser até o fim *um fato político*, envolvendo os "muitos", e não mais apenas restritos círculos de intelectuais, tornar-se-á possível construir um "discurso" coletivo. Uma fala que se identifique com o próprio evoluir das relações de forças e não se limite apenas a funcionar como contrapeso dessas, como no caso da incorrupção antiga. Nesse sentido, seria possível de novo falar, com Gramsci, do "jacobinismo precoce de Maquiavel".[295]

---

295 *QC*, p. 952-953 (caderno 8, parágrafo 21).

Esta obra foi composta em CTcP
Capa: Supremo 250g – Miolo: Pólen Soft 80g
Impressão e acabamento
Gráfica e Editora Santuário